DUBERN

UNE MAISON BORDELAISE

DEPUIS 1894

En couverture :
Statue en marbre de Carrare, XIXe siècle, dans le Grand Salon de Dubern.

En 4eme de couverture :
Façade de la Maison Dubern, *au 42, allées de Tourny.*

Ouvrage publié avec le soutien de

Safran Immobilier

Menuiserie Orméo

Agence d'architecture Dupuy Schoell

Note de l'éditeur

Ce livre a été conçu sur la base d'un double mouvement : retracer, par le texte, l'histoire de Dubern *; découvrir, par la photographie, le* Dubern *d'aujourd'hui, en 2013, des allées de Tourny jusqu'aux cuisines de l'établissement. Le lecteur progresse ainsi d'année en année comme de salle en salle.*

DUBERN
UNE MAISON BORDELAISE DEPUIS 1894

TEXTES DE
PIERRE ET ISABELLE DUPUY SCHOELL
ET DE PIERRE CHAVOT

AVEC LA PARTICIPATION DE LAURENT CROIZIER

PHOTOGRAPHIES DE
JEAN-LUC CHAPIN

AVANT-PROPOS DE ALAIN JUPPÉ

ÉDITIONS CONFLUENCES – MAISON DUBERN

L'histoire de *Dubern*, une histoire typiquement bordelaise.

Depuis plus d'un siècle, après l'arrivée de Paul Dubern sur les allées de Tourny, cette maison porte haut les couleurs de la gastronomie et des mondanités de notre ville.

Les différentes figures qui l'ont incarnée, Paul bien sûr, et sa femme Marguerite, ses fils Jacques et Robert, et tous ceux qui les ont suivis, ont illustré l'esprit bordelais bien au-delà des frontières de la ville.

Renouveler entièrement les lieux tout en en conservant l'âme, c'est le pari engagé par Pierre et Isabelle Dupuy Schoell, architectes passionnés, nouveaux et heureux propriétaires de *Dubern*.

Souhaitons-leur, dans une ville récemment inscrite au patrimoine de l'humanité, de pouvoir témoigner de ce mélange d'élégance et de simplicité qui la caractérise, aux yeux des Bordelais comme à ceux de nos visiteurs.

Les institutions sont garantes d'une mémoire.
Elles sont aussi promesse de renouveau et d'avenir.

Ce magnifique ouvrage en est l'illustration.

Alain Juppé,
maire de Bordeaux.

Le fameux D de Dubern,
à l'entrée de l'établissement.

Bordeaux, notre superbe ville inscrite au patrimoine mondial de l'Unesco, exemplaire par l'unité de son expression urbanistique et architecturale classique et néoclassique, n'a connu pratiquement aucune rupture stylistique depuis deux siècles.

Les arts de la table y sont étroitement liés à la vie économique, sociale, culturelle et politique.

Le patrimoine y est vivant… et à préserver.

Il y a, à Bordeaux, une identité forte, des mentalités particulières. On ne mange pas, on ne boit pas et on ne se comporte pas ici comme à Lyon, Rennes, Strasbourg ou Paris.

En devenant propriétaires de *Dubern*, nous savons que cette institution est plus qu'un restaurant, c'est une « histoire », un lieu de rencontres où, dans un site classé, se sont croisés les plus grands.

Aujourd'hui, entre héritage et modernité, tout est à repenser : architecture, décoration, arts de la table, cuisine, art de recevoir, tout doit s'articuler naturellement, se fondre dans les rituels bordelais, pour que chacun y trouve ses marques...

C'est notre démarche d'architectes restaurateurs dans la conduite de ce magnifique projet que nous voulons partager en vous proposant cet ouvrage.

Pierre et Isabelle Dupuy Schoell

Depuis les allées de Tourny,
vue sur le n° 42, adresse de Dubern *depuis 1905.*

Dubern
miroir gourmand de Bordeaux

Prononcer le mot « Bordeaux » aux quatre coins de la planète résonne comme une invitation à la dégustation de breuvages merveilleux…

Mais Bordeaux n'est pas, tant s'en faut, une simple et monocorde cité chantant un exclusif hymne au vin.

Les arts de la table et la gastronomie s'y sont déployés au fil des siècles, suivant avec plus ou moins de célérité la double influence du modèle parisien et les « idées » venues de province ou de l'étranger.

S'il n'y a pas à Bordeaux de « style » spécifique et reconnaissable dédié aux arts de la table, la ville a su s'intégrer à l'évolution hexagonale en apportant sa pierre à l'édifice.

I. Les arts de la table

À Bordeaux comme ailleurs, c'est à la fin du XVIIIe siècle que lors des repas de l'aristocratie on abandonne le « service à la française », avec les mets déposés, en trois services, sur la table, chacun se servant et se resservant des plats de son choix. Les verres sont installés sur des dessertes, ils sont apportés aux convives par des domestiques puis remportés une fois vidés.

On préfère alors le « service à la russe », à l'assiette avec découpe des portions sur des dessertes. Les convives sont assis autour de la table, les ustensiles individuels disposés à chaque place. Les vins sont servis dans des verres différenciés et multiples installés à table. Ce type de service incite les artisans et manufactures à la création d'objets – assiettes, verres, couverts – répondant aux nécessités nouvelles.

L'orfèvrerie

Reflet du rang social et témoignage de prospérité, l'orfèvrerie signale d'emblée, lors d'une réception, le prestige de la table où l'on prend place. À la fin du XVIIIe siècle, on compte pas moins de cinquante-trois maîtres orfèvres à Bordeaux – les Ducoing, Dutemple, Faurie, Hubshmann, Jouet, Lalanne, Mestre, Roux, etc. –, lesquels produisent des pièces (couverts, verseuses, sucriers, pinces à sucre…) au style classique et sobre, inspirées des meilleurs ateliers parisiens ou orléanais. L'industrialisation se développant au XIXe siècle, les orfèvres produisent de moins en moins, préférant faire venir de la capitale – à l'instar de la maison Servan – des pièces sur lesquelles ils apposent leur seul poinçon. Un renouveau a lieu au début du

Pichet à vin couvert, argent, maître orfèvre : Gabriel Mestre fils, Bordeaux, 1787-1788.

Préparation de la table du Grand Salon.

XXe siècle. La production bordelaise est alors marquée par les créations inspirées du sculpteur-orfèvre Maurice Daurat. Depuis son atelier de Macau, Roland Deraspe poursuit aujourd'hui cette tradition…

Ensemble de verres à boire, Sud-Ouest, XVIIIe siècle.

La verrerie

C'est Pierre Mitchell, d'origine irlandaise, qui crée en 1723, en s'inspirant de l'industrie britannique, la première verrerie bordelaise, laquelle – en dépit de la concurrence de la verrerie de Bourg dès 1726 – devient en 1738 une manufacture imposante nommée « Verrerie royale de Bordeaux » avec privilège d'exclusivité jusqu'à 10 lieues à la ronde. Bouteilles (nous sommes à Bordeaux !) et verres qui en sortent vont irriguer le négoce viticole et les tables bordelaises.

En 1740, Pierre Mitchell meurt. Sa veuve prend le relais à la tête de l'affaire familiale avant de céder les rênes à son fils François-Patrice qui diversifie les activités de l'entreprise et développe – grâce à ses trois vaisseaux – le commerce avec les îles britanniques et les colonies.

Plus de 200 000 bouteilles, de formes et de tailles différentes, sont produites au milieu du XVIIIe siècle. Ses descendants poursuivront cette activité verrière jusqu'aux années 1930.

Assiette à décor polychrome et doré, porcelaine, manufacture des Terres de Bordes à Bordeaux, fin XVIIIeme siècle.

Faïence et porcelaine

Dix ans avant l'initiative de Mitchell, Jacques Hustin, venu de Valenciennes, obtient, en 1714, le privilège de la production et de la vente des faïences stannifères (recouvertes d'un émail d'oxyde d'étain devenant blanc à la cuisson). Les débuts sont laborieux par manque de maîtrise technique. Et la faïence demeure épaisse. Aucun style particulier ne se détache car les premiers ouvriers viennent de Nevers, Montpellier, Moustiers, Delft ou Rouen. Mais l'art d'Hustin progresse – *a fortiori* lorsque son fils puis sa belle-fille prennent la succession de l'affaire en 1749 et 1778 –, les décors (souvent végétaux, dans le goût italien) et les contours s'affinent. Aussi la production séduit-elle peu à peu l'aristocratie et la bourgeoisie avides d'arborer des services personnalisés laissant apparaître les armoiries des familles ou des congrégations.

Ensemble de rafraîchissoirs à verres et à bouteilles du service au Cartus, faïence stannifère, manufacture de Jacques Hustin, Bordeaux, 1ère moitié du XVIIIe siècle.

Hustin fait école au point que Bordeaux ne compte pas moins de huit faïenceries (dont celles de Jean Robert, Charles-Antoine Boyer, Louis Rougé, Claude Clérissy…) à la fin du XVIIIe siècle.

C'est à cette époque qu'une éphémère tentative de production de porcelaine a lieu, à l'instigation de « marchands de faïence – parfumeurs – gantiers » nommés Verneuilh qui installent leur industrie dans le quartier de Paludate, au château des Terres de Bordes. Entre 1787 et 1790, ils s'adjoignent les services du talentueux porcelainier Michel Vannier, et la Manufacture des Terres de Bordes produit diverses pièces raffinées (ornées de bouquets fleuris, guirlandes, oiseaux, paysages…) bien que relativement épaisses – gage de solidité et donc de résistance aux transports – car destinées à l'exportation : vases, pots à eau, bassins… mais surtout assiettes, tasses et verseuses particulièrement goûtées à Bordeaux du fait des nombreux thés, chocolats, cafés issus du port. Vanier meurt en 1790 emportant avec lui la trop brève histoire de la porcelaine bordelaise…

Il faut attendre le XIXe siècle pour que la faïencerie fine se développe à Bordeaux – signant parallèlement le déclin des pièces d'étain (pichets à vin, plats, aiguières, écuelles…) – notamment grâce à l'influence de Jean-Honoré Boudon de Saint-Amans. Ayant quitté la manufacture de faïences Lahens et Rateau (fondée au domaine de Fourquerolles, dans les palus de Bacalan, en 1829), ce céramiste agenais incite David Johnston (riche négociant, maire de Bordeaux en 1838) à fonder une faïencerie aux anciens Moulins des Chartrons, toujours à Bacalan. Johnston écarte le procédé stannifère (fragile et onéreux) pour une technique – inspirée du savoir-faire anglais – donnant une faïence fine, blanche et résistante.

En 1839, la manufacture emploie 700 ouvriers. L'ère industrielle de la faïence fine bordelaise s'ouvre. Si l'esprit anglais est toujours présent (la matière première étant elle-même importée d'Angleterre), on use de motifs romantiques (lacs, forêts...) avec des impressions de couleur verte, brune, rose ou bleue. Mais des difficultés économiques apparaissent dans les années 1840 si bien que Johnston s'adjoint les services de Jules Vieillard, qui lui succède en 1845. Vieillard se détache de la dépendance directe des livraisons britanniques. Tourbe, terre, silex, kaolin viennent désormais des quatre coins du Sud-Ouest. Les économies sont substantielles et l'entreprise devient florissante. Les décors suivent la même tendance en s'éloignant eux aussi du modèle anglais (les fleurs sont promues, les engobes colorés créés...). Vieillard développe également la porcelaine dure, ouvre avec succès un dépôt à Paris et exporte massivement vers les colonies.

Il meurt en 1868 laissant à ses fils le soin de poursuivre son œuvre jusqu'à la fermeture de la faïencerie en 1895.

Verres de Mitchell et assiettes de Vieillard continuent à fasciner les familles bordelaises qui n'hésitent pas – dans l'intimité d'un dîner – à dévoiler les plus belles pièces qu'elles ont su conserver.

Mais cet héritage revendiqué ne saurait se réduire aux précieux objets ornant la table. Il est aussi – et avant tout – gourmand.

Car à Bordeaux, la gastronomie occupe une place remarquable. Et, à l'instar des meilleurs crus, des plus belles pièces produites par les manufactures locales, de grands noms se sont imposés au fil des décennies, forgeant le visage culinaire de la cité.

Parmi eux, Dubern, table historique, jadis fleuron du patrimoine gastronomique de la ville, aujourd'hui renaissante.

Série de trois bouteilles, verre vert, Gironde, XVIIIe siècle.

II. L'art de recevoir

Recevoir est un art. Et élégance bordelaise oblige, celui-là possède, dans la cité girondine, une dimension particulière.

L'art de recevoir tient, certes, à la qualité des mets et vins que l'on offre, mais aussi au décor, à la lumière du lieu de réception, au soin avec lequel est dressée la table, au choix de l'argenterie, des verres, des assiettes, au raffinement du linge de table, aux gestes et attentions portés aux convives, à l'intonation de la voix de l'accueillant...

L'accueil

Au restaurant, l'accueil est primordial. C'est lui qui donne le ton de la soirée.

Aussi est-il apprécié qu'une petite pièce, sorte de sas entre l'extérieur et la salle de restaurant, lui soit dédiée. Là, l'arrivée des clients (échangeant quelques mots, tenant ouverte la porte afin de permettre l'entrée des suivants, encombrés par leurs dossiers ou leur parapluie...) ne nuit pas à la sérénité et au confort de ceux qui sont déjà installés. L'accueil se poursuit par l'accompagnement jusqu'à la table, où l'on se doit sans excès de dévouement de tirer et pousser les fauteuils pour l'installation des convives.

Les menus doivent être apportés sans tarder (l'exclusion des prix pour les dames ou les invités est de moins en moins répandue) et la commande prise dans un délai raisonnable.

Tout cela témoigne de l'attention portée à chacun... donc de l'art de l'accueil.

La table

La table se doit d'être belle. La nappe ou le chemin de table doivent être disposés sans plis (sauf dans le cas d'une table rectangulaire où l'on tolère les seuls plis épousant le sens de la longueur). Fantaisie ou sobriété sont admises quant à la couleur, la nappe blanche ayant l'avantage de ne pas nuire à la robe des vins. Les serviettes, impérativement en tissu, sont déposées dans l'assiette pour le déjeuner, mais à gauche de l'assiette pour le dîner (lointain héritage de l'époque où l'on servait, le soir, le potage aux convives avant qu'ils ne prennent place à table). Pour le confort des clients, les assiettes sont séparées d'au moins 60 cm et disposées à deux ou trois cm du bord de table. Le couteau est placé à droite de l'assiette, avec la lame orientée vers l'assiette (ou exceptionnellement vers la nappe si la forme du manche lui permet de tenir sur la tranche). La fourchette, elle, est déposée à gauche de l'assiette, pics généralement orientés vers la nappe, selon la bienséance française. À Bordeaux, on tolère, ou mieux on plébiscite parfois ! l'orientation des pics vers le haut, en adéquation avec les mœurs britanniques (fort répandues dans la ville, comme l'on sait). Si le choix est fait de disposer plusieurs paires de couverts sur la table (ce qui devient plutôt rare au restaurant aujourd'hui), ceux-là doivent être installés de chaque côté de l'assiette et organisés de manière à ce que le client les utilise symétriquement de l'extérieur (les plus éloignés de l'assiette sont utilisés en premier) vers l'intérieur.

Si l'on désire (ce qui est également fort rare au restaurant) disposer sur la table, dès avant le repas, des couverts à dessert, ceux-là doivent (selon la tradition anglaise une fois encore) se positionner entre l'assiette et le verre de la manière suivante : la fourchette à dessert avec le manche sur la gauche, la cuillère – creux sur la nappe – est disposée à l'inverse. Tous les couverts (comme les verres évidemment) doivent impérativement être essuyés avant la mise en place pour éviter toute trace de doigts.

Si l'on souhaite installer quelques fleurs ou bougies en guise de décoration, il est primordial de veiller à ce qu'elles ne laissent échapper aucune odeur, laquelle s'avèrerait dramatique pour les arômes des mets et le bouquet du vin.

Le service

Il doit être efficace et discret. L'ordre de service est celui imposé par les lois élémentaires de la préséance (sexe, âge, identification de l'invitant...) et le plat est impérativement proposé à la gauche de la personne alors que le vin, lui, est versé à droite (le sommelier ayant préalablement pris soin de s'en verser une larme afin de vérifier que l'on ne serve un breuvage véhiculant un défaut, avant de le soumettre à l'approbation du client invitant). Notons que la desserte des assiettes aura lieu sur la droite.

On apprécie que les plats soient présentés lorsqu'ils arrivent à table. Mais la présentation ne doit être ni trop longue, ni trop pompeuse.

Les amuse-bouches sont indispensables avant l'arrivée sur la table du premier plat commandé. De même, il est inconcevable de servir un café sans douceurs ou mignardises.

III. Manger bordelais

Manger bordelais n'a objectivement pas de sens. Les traditions gastronomiques n'existent que dans les lignes des guides du même nom. Car le « traditionnel », le « typique » ou le « local » sont des notions qui évoluent sans cesse avec le temps, soumises aux modes, perméables aux influences... La dinde (de Noël), la tomate (de Marmande), les chocolats (de Pâques), le maïs (du Gers)… n'existaient pas avant la découverte de l'Amérique ! Doit-on pour autant considérer qu'ils ne peuvent figurer parmi le patrimoine gastronomique français ?

De plus, de quelles traditions culinaires parlons-nous ? De celles jadis tirées de la table des puissants, souverains, aristocrates et notables, ou de la nourriture – pendant des siècles misérable, par nécessité répétitive et pauvre – des paysans ?

Non, résolument non, la « tradition » n'est pas un critère objectif.

Il n'en demeure pas moins que l'on ne mange pas à Bordeaux comme à Marseille ou à Strasbourg.

Bordeaux est un port. Ouvert sur son fleuve. Un carrefour entre terre et océan. Enraciné en « pays » Sud-Ouest. Mais toujours entiché d'une *select touch*, lointain héritage de la séculaire influence britannique… Un Sud-Ouest « nordique » en quelque sorte. Classique et *so chic*.

De ce visage pluriel aux traits hétéroclites, naît une cuisine riche et contrastée, puisant son énergie et son caractère dans son environnement immédiat ou proche.

Le fleuve…

Le fleuve vit. Et son histoire en dit long tant sur le caractère éphémère de ses ressources que sur la valeur de celles-là.

Caviar

Jadis, l'esturgeon sauvage (*Acipenser sturio*) pullulait dans les eaux saumâtres de l'estuaire de la Gironde. Au XIXe siècle, on apprécie la chair du poisson et on jette sans vergogne ses œufs – en réalité le caviar ! – aux poules. Chacun connaît l'histoire de la princesse russe alertant un pêcheur de Saint-Seurin-d'Uzet sur le trésor qu'il néglige par ignorance. L'époux de l'aristocrate – le sieur Scott, ancien garde à la cour impériale – initie dès

lors les pêcheurs à l'art de la préparation des perles grises. Et le caviar de Gironde connaît bientôt ses heures de gloire. Les ateliers de fabrication se multiplient à Blaye, Cambes, Rions, Callonges, Cavernes, Plagnes…

La famille Prunier s'intéresse à l'« industrie » inspirée par Scott et fonde à Paris, en 1925, un restaurant qui promeut le caviar de Gironde. Après la seconde guerre mondiale, la pêche s'intensifie et de nombreux pêcheurs de Vitrezay, Maubert, Mortagne, Meschers, Saint-Seurin se spécialisent dans la traque de l'esturgeon. L'estuaire est pillé. Il faudra moins de trente ans pour décimer l'espèce. Aujourd'hui, les esturgeons de la mer caspienne (sevruga, oscietre, beluga) sont presque aussi rares que leurs cousins girondins. C'est l'élevage qui s'est substitué à la nature. Et plus de 90 % du caviar aujourd'hui vendu dans le monde est issu de fermes aquatiques. En Aquitaine, on élève non la souche locale d'esturgeons dont la reproduction en captivité demeure problématique mais l'*Acipencer baerii* originaire de Sibérie, la saveur de ses œufs évoquant l'oscietre. Les marques Caviar de France, Sturia, Perlita… n'ont cessé de progresser en qualité ces dernières années. Et on les retrouve évidemment à la carte des meilleurs restaurants bordelais.

Alose

Autre poisson migrateur familier de l'estuaire : l'alose. Ses écailles bleutées aux tons métalliques n'y changent rien, l'alose est mal aimée ! Non pas à cause de sa parenté avec le hareng, ni même à cause de sa chair – absolument succulente – mais en raison du nombre prodigieux d'arêtes qu'elle arbore. Ce « détail » rend l'approche culinaire délicate. Et il n'est pas rare qu'un instrument habituellement peu présent en cuisine ne devienne indispensable lors de sa préparation : la pince à épiler… D'autres techniques existent pour se débarrasser des arêtes (pocher l'alose puis l'ouvrir en deux afin de pouvoir se saisir de l'arête centrale que l'on tire délicatement dans le but d'entraîner ses multiples ramifications ou cuisiner l'alose farcie avec de l'oseille dont l'acidité dissout les arêtes). Largement célébrée en Fronsadais, l'alose est présente à table au moment de sa période de pêche, au mois de mai. Sa dégustation est précieuse et éphémère. C'est un poisson de printemps.

Pibale

Écloses en Mer des Sargasses, au large de la Floride, les larves d'anguilles – mêlées au plancton – dérivent au gré des courants du Gulf Stream pour arriver le long des côtes européennes après de longs mois de voyage. Leur taille passe de 5 mm à quelques centimètres et, l'automne venu, celles que l'on nomme pibales (ou civelles) s'engouffrent dans l'estuaire en rangs serrés, dessinant d'interminables cordons translucides. Nombre d'entre elles finissent dans les « tamis » des pêcheurs qui les traquent tout au long de l'hiver.

Appréciées en Espagne mais considérées en France comme peu nobles jusqu'aux années 1970, elles ont peu à peu trouvé grâce aux yeux des chefs.

Étant à ce jour impossible à élever, l'anguille demeure dépendante de l'action de l'homme sur le milieu naturel. Faible au début du XXe siècle, la pression de pêche a considérablement augmenté à la fin du siècle dernier au point d'inspirer au législateur une réglementation sévère. Particulièrement appréciée dans le Sud-Est asiatique, la pibale connaît aujourd'hui une vogue sans précédent. Les prix flambent s'échelonnant entre 150 et 1 000 € le kilo (on compte environ 3 000 alevins/kg). Et les pibales sont devenues des mets d'amateurs présentés sur les tables les plus réputées. Il est bien loin le temps où on les servait sous la forme de pains de poisson dans les cantines scolaires ! On les quémande désormais dans quelques rares et prestigieux restaurants. Si on les relève de *guindilla* (piment basque) en Biscaye, les Bordelais les préfèrent poêlées à l'huile d'olive avec ail et persil. Un plat simple et « canaille ».

Lamproie

La lamproie – ou pétromyzontide – est un poisson ectoparasite hématophage, c'est-à-dire un parasite externe vivant sur la surface corporelle d'un autre être vivant (poisson ou mammifère marin) et se nourrissant du sang (et de la lymphe) de ses hôtes. Anguiliforme, elle est munie d'une bouche-ventouse aux dents tranchantes qui la rend peu sympathique.

Mets de choix à Rome, appréciée des souverains au Moyen Âge (Henri Ier d'Angleterre en fit une indigestion mortelle en

1135 !), la lamproie demeure un plat des régions d'estuaire. À Bordeaux, elle est servie, coupée en tronçons avec des poireaux, dans une sauce confectionnée avec son sang (le poisson est saigné vivant) mélangé à du vin rouge de la région. La pêche ayant lieu entre février et mars, les amateurs de lamproie réalisent alors des conserves qui sont ouvertes ensuite, au fil de l'an, pour le plus grand bonheur des convives présents à table. La « lamproie à la bordelaise » est – depuis son ouverture – un classique de la carte de Dubern comme de la gastronomie locale.

Chevrette

La crevette blanche (*Palaemon longirostris*) – fréquemment nommée « chevrette » en Gironde, est une des richesses de l'estuaire. Pêchée de juin à novembre, elle est traditionnellement cuite avec de la badiane (anis étoilé) et parfois du laurier. On la sert généralement à l'apéritif, accompagnée d'un verre d'entre-deux-mers frais. D'aucuns regretteront – non sans raison – la présence systématique de la badiane dans la préparation, laquelle couvre, par son arôme entêtant, la chair délicate du crustacé…

La terre…

Des terres environnant Bordeaux, surgissent çà et là quelques trésors gastronomiques. Certains poussent dans les bois et les meilleurs jardins, d'autres paissent dans les champs ou déambulent dans les basses-cours, quelques-uns sont issus du savoir-faire inspiré de quelques femmes et hommes passionnés…

Agneau

En Bordelais, l'agneau vient de Pauillac ! Lointain héritage des transhumances qui amenaient jadis les troupeaux des monts pyrénéens et du Massif central jusqu'au cœur du Médoc, l'élevage des ovins s'est régénéré autour de Pauillac au milieu des années 1980. La marque « agneau de Pauillac » est bientôt déposée. Bénéficiant du Label rouge et d'une reconnaissance européenne avec le label IGP (Indication Géographique Protégée), l'agneau de Pauillac possède une chair délicate. Le gigot – parsemé de thym et de romarin – est traditionnellement accompagné de flageolets ou de légumes de saison. Les côtelettes se font volontiers griller aux sarments de vigne.

Bœuf

Les amateurs de viande rouge goûteuse et noble optent, à Bordeaux, pour le bœuf de Bazas ou le bœuf blond d'Aquitaine (ou blonde d'Aquitaine dans sa version femelle). Deux races bovines anciennes qui servaient jadis aux travaux des champs et des vignes. Toutes deux arborent un Label rouge obtenu dans les années 1990. La côte de bœuf cuite aux sarments de vigne est particulièrement goûtée (généralement servie avec une

compotée d'oignons au vin rouge), tout comme le très œcuménique bœuf « bourguignon » au vin de… Bordeaux !

Canard

Le département des Landes est le plus important producteur français de canards. Le volatile (canard de Barbarie en général), élevé en plein air, a obtenu un Label rouge en 1996 et l'IGP deux ans plus tard. De ce fameux canard fermier des Landes, c'est le magret que l'on sert le plus souvent. Cuit entier, avec la peau bien sûr, et de préférence sur des sarments de vigne une fois encore (les amateurs de grillades savent combien il est difficile de faire cuire un magret avec la peau sur des braises sans que ne s'élèvent des flammes lorsque la graisse fond ; les spécialistes es-magrets jettent sur les braises une poignée de gros sel qui arrête aussitôt l'incendie).

Chez Dubern, dans les années 1930, on se délecte de la « Dodine de canard au vin rouge » et trente ans plus tard, on savoure le « Caneton landais à la Lamoricière »…

Poulet

Plumage marron, peau jaune et cou nu. Tel est le portrait du poulet jaune des Landes, premier produit agro-alimentaire à avoir obtenu le Label rouge le 13 janvier 1965, auquel s'est ajouté, depuis, l'IGP en 1996. Élevé « en liberté », nourri majoritairement au maïs, sa chair est ferme et goûteuse. En Bordelais, on le consomme souvent rôti à la broche.

Palombe

Au tout début de l'automne, les palombes quittent les régions nordiques et orientales de l'Europe pour migrer vers le sud. Aussi survolent-elles les Landes, le Pays Basque avant de franchir les Pyrénées pour arriver en Espagne. Le développement croissant de la culture du maïs dans le Sud-Ouest a accru de manière considérable leur présence. Déjà recensées au Moyen Âge, les chasses traditionnelles « à la passée », depuis les palombières, perdurent. La palombe est un oiseau succulent que Dubern, dans les années 1960, servait « à la landaise ». De très nombreuses recettes existent ainsi en Sud-Ouest. Signalons évidemment les terrines et autres salmis, mais aussi la palombe « en deux cuissons » : les filets rosés et les cuisses confites.

Asperge

Fort appréciée à la cour de France au XVIIe siècle, l'asperge blanche aime les terrains sablonneux et la douceur du climat. Aussi va-t-elle trouver dans le Blayais et les Landes les conditions idéales à son exploitation. Les gemmeurs des Landes (récoltants de sève de pin) voyant leurs revenus diminuer au fil des ans, nombre d'entre eux s'orientent vers la culture de l'asperge qui se développe de manière croissante après la seconde guerre mondiale. Une IGP vient, en 2005, saluer le travail accompli par ces asparagiculteurs landais.

L'asperge se déguste tiède accompagnée d'une sauce vinaigrette ou mousseline. On la cuisine aussi en omelette. En revanche – contrairement à l'asperge verte – il est déconseillé de la faire « à la plancha » car ce type de cuisson en révèle amertume.

Tomate

C'est la triste arrivée du phylloxéra en 1863 – décimant la vigne dans le Marmandais – qui contraint les viticulteurs à réorienter leur production, inspirés par l'horticulteur-pépiniériste Pierre Gautriaud. Et la tomate vient alors se substituer au vin… À la fin du XIXe siècle le développement du réseau ferré permet des expéditions vers Paris. Mieux, la découverte d'Apert autorisant une conservation prolongée, les plants de tomates se multiplient. Au début du XXe siècle se dessine la « tomate de Marmande », hybridation des variétés Reine des marchés, Pondorosa et Mikado, et en 1931 la marque est déposée par la coopérative La Marmande.

Gros fruit assez peu côtelé et légèrement aplati, d'un rouge soutenu, la tomate de Marmande est précoce. Sa chair ferme et parfumée la rend appréciable en salade. Mais sa taille généreuse lui permet également d'être un choix judicieux pour les tomates farcies.

Cèpe

S'il existe de nombreuses sortes de cèpes (poivré, tête de nègre, d'été…), l'un des plus fameux demeure le « cèpe de Bordeaux ». Chapeau brun, pied trapu et bulbeux, ce bolet est amateur des forêts mixtes (chêne, châtaignier, hêtre, bouleau, pin) et apparaît généralement à la fin de l'été et en automne, même s'il se montre parfois au printemps. Dans l'assiette, il excelle cru, en carpaccio, saupoudré de copeaux de parmesan sur lesquels on laisse tomber un filet d'huile d'olive et quelques gouttes d'un très grand vinaigre balsamique. Mais en Bordelais, on le poêle volontiers avec de l'ail et du persil. Il est évidemment le partenaire de prédilection des gibiers, mais ne rechigne pas à offrir sa compagnie à un bar de ligne du Bassin.

L'océan…

Bordeaux n'est qu'à quelques dizaines de kilomètres de l'océan. Et plus près encore du bassin d'Arcachon. Lorsqu'un « étranger » curieux des merveilles de la région échange avec un Bordelais « authentique », il est surpris de constater que celui-là s'empresse, le vendredi soir venu, de se rendre « sur le Bassin » ou, mieux, « au Ferret ».

Et le bassin d'Arcachon ne tarde pas à apparaître à notre étranger comme une pure et simple extension maritime de la ville de Bordeaux. Mais Arcachon, c'est aussi une flotte de pêcheurs et une criée qui offrent de merveilleux produits à l'amateur de trésors gustatifs de l'océan.

Huîtres

Appréciée depuis l'Antiquité, parée de vertus médicinales ou aphrodisiaques, l'huître – la gravette – était vantée par Rabelais (Pantagruel « était d'une adresse merveilleuse. À mille pas, avec une de ses flèches, il ouvrait les huîtres en écaille sans toucher les bords de la coquille »). Mais la gravette – huître plate du Bassin – disparut au XXe siècle par l'assaut d'un virus, tout comme la portuguaise qui lui succéda, avant que ne s'impose la gigas japonaise. On la déguste telle quelle, dans des restaurants spécialisés, des bistrots ou sur les marchés, accompagnée d'un verre de graves blanc. Chez Dubern, on aime, dans les années 1950, les huîtres plates d'Arcachon accompagnées d'une saucisse grillée, coquetterie conforme à la tradition bordelaise. Le Bassin est également généreux en palourdes (de mars à novembre) et moules (de mai à août).

Cabillaud, sole, bar, maigre, mulet, rouget-barbet...

Si l'histoire de Bordeaux affecte une place particulière à la morue rapportée des mers du Nord et débarquée sur les quais du quartier Bacalan (lequel ne tire d'ailleurs pas son nom du mot portugais « bacalhau », mais du patronyme de la famille protestante de Bacalan originaire de Sauveterre-de-Guyenne et qui a donné à la ville de nombreux parlementaires), la morue constituait principalement l'industrie de Bègles où étaient situées d'innombrables sécheries. Si, dessalée, on la sert encore aujourd'hui en salade, avec pommes de terre et oignons, la morue est plus souvent cuisinée fraîche, et de plus en plus fréquemment cuite à basse température, ce qui préserve merveilleusement son moelleux et sa saveur.

La criée d'Arcachon offre à Bordeaux les meilleurs produits tirés des eaux peu salées du Bassin : soles communes (de janvier à juin) et sénégalaises (de mars à octobre), maigres (de mars à novembre), bars (de mars à janvier), seiches (mars, avril, mai, juin et septembre), mulets (toute l'année), rougets-barbets, surnommés « vendangeurs » en raison de leur pêche au mois de septembre... Chez Dubern, après-guerre, la sole fait l'objet d'une attention particulière : on sert ses filets accompagnés d'écrevisses (spécialité fort prisée de la maison).

Le « Midi » basque et l'« Orient » périgourdin...

À l'extrême sud de l'Aquitaine, s'étend le Pays Basque, ses vertes prairies et ses montagnes plongeant dans l'océan. À l'Est, c'est le Périgord, ses sols calcaires, ses villages envoûtants, ses vestiges préhistoriques... Là résident deux identités gastronomiques fortes et singulières dont certains traits irriguent le patrimoine gourmand bordelais...

Ossau-Iraty et cerise noire

Le fromage de brebis des Pyrénées s'appréciait déjà au XIVe siècle. Produit à partir du lait de races locales, Manech tête noire ou rousse, ou Basco-Béarnaise, il était nommé *Ardi Gasna* et faisait le bonheur des autochtones. La crise du roquefort dans les années 1970 incite les amateurs de fromage de brebis à se tourner vers la production basque. L'appellation Ossau-Iraty (fromages produits sur une zone s'étendant du pic du Midi d'Ossau à la forêt d'Iraty), créée en 1980, a contribué à accroître de manière considérable la notoriété de cette merveille de montagne.

Le petit village d'Itxassou déploie, au Moyen Âge déjà, une passion véritable pour la cerise. Elle illumine les marchés la saison venue et, au XIXe siècle, on en trouve des quantités importantes dans les vallées entre Bayonne et Saint-Jean-Pied-de-Port. Les variétés dominantes – souvent locales – sont la xapata, la beltza et la peola, ces deux dernières étant utilisées pour la fameuse confiture de cerises noires qui accompagne les fromages de brebis du pays. Et il est fréquent, à Bordeaux, que le service du fromage offre une place de choix aux trésors lactés basques et à l'indispensable confiture qui se doit de les escorter.

Truffe et foie gras

Elle, la pépite noire (nous parlons là du *tuber melanosporum*) est incontestablement la star des champignons. Parfum intense et irrésistible, prix considérable et notoriété mondiale. La truffe dite « du Périgord » y est devenue relativement rare au XXIe siècle. La majeure partie de la production française provient du Sud-Est. Mais le « diamant noir » n'en demeure pas moins un incontournable de la gastronomie périgourdine, poussant son aura jusqu'aux rives de la Garonne. Dans les années 1950-1960, Dubern en use dans sa fameuse « terrine de lièvre » et envoûte les gourmets par son irrésistible « feuilleté de truffes fraîches ». Aujourd'hui, à Bordeaux, l'hiver venu, elle voisine en carpaccio avec le bar du Bassin, s'invite sous la peau des meilleures volailles des Landes et courtise volontiers le bœuf de Bazas…

Désigné par l'Assemblée nationale, en octobre 2005, comme patrimoine culturel et gastronomique protégé en France, le foie gras figure parmi les mets les plus fortement ancrés dans l'« identité » gastronomique du Sud-Ouest. Connu depuis l'Égypte ancienne, apprécié à Rome où Apicius (fameux aristocrate romain amateur des plaisirs de la table) lui dédie des recettes, le foie gras s'impose en Sud-Ouest grâce à deux facteurs : l'élevage des palmipèdes, pratiqué depuis le Moyen Âge, et la culture du maïs. Cette dernière apparaît au XVIe siècle dans la vallée de la Nive à l'initiative du marin guipúzcoan Gonzalo de Percateguy qui l'expérimente. Le maïs devient vite la nourriture favorite des oies élevées dans les fermes, culture et élevage fonctionnant en symbiose. Fort appréciée aux XVIIIe et XIXe siècle, l'oie – fragile – est peu à peu remplacée par le canard, plus résistant. Le foie gras est l'un des ingrédients favoris de Dubern qui propose, dès les années 1940, d'en enrichir les ballottines de dinde, avant d'inscrire à sa carte, autour de 1960, un plat jugé fascinant : la « bécasse au foie gras »… Aujourd'hui, le foie gras porte en lui l'héritage de ces recettes passées tout en s'ouvrant à une approche résolument nouvelle. Aussi se consomme-t-il en terrine, poêlé ou, plus « tendance » et plus « light », poché ; mais il investit également les desserts… Glaces et macarons au foie gras se disputent aujourd'hui la vedette sur les meilleures tables bordelaises.

En guise de dessert…

Cannelé

Création de religieuses ? Descendant de la canole, pâtisserie à succès du XVIIe siècle confectionnée par les canauliers ? Crêpe ratée ? Le cannelé demeure une énigme. Même son orthographe est sujette à caution (des luttes dantesques ont lieu pour tenter de trancher l'épineuse question du nombre de « n » qu'il convient de lui accorder…). Toujours est-il qu'il s'impose comme le fruit d'un contexte particulier. Bordeaux étant une région viticole et un port, il n'est pas interdit de penser que l'invention du cannelé ait eut pour but d'utiliser les jaunes d'œufs séparés des blancs destinés au collage du vin ; le sucre et la vanille étant, quant à eux, des denrées d'accès aisé grâce au commerce portuaire. Aujourd'hui, le cannelé bordelais a vu sa notoriété décupler et son succès dépasser largement les frontières de l'Aquitaine. Les meilleurs chefs en proposent leur version, on le trouve en vente dans les aéroports internationaux comme dans d'innombrables pâtisseries artisanales ou industrielles. Il demeure cependant la touche sucrée indispensable des dîners bordelais… et la star des mignardises servies chez Dubern.

Dubern…

Si sa notoriété ne doit pas peu à son inimitable et fondatrice recette d'écrevisses (d'ailleurs en provenance de Russie), Dubern a su, au fil de son histoire, porter, interroger, promouvoir, réinventer chacun de ces produits…

Et c'est par cette lente et délicate alchimie que cette table a dessiné – et dessinera demain – le visage gourmand de Bordeaux…

Laurent Croizier

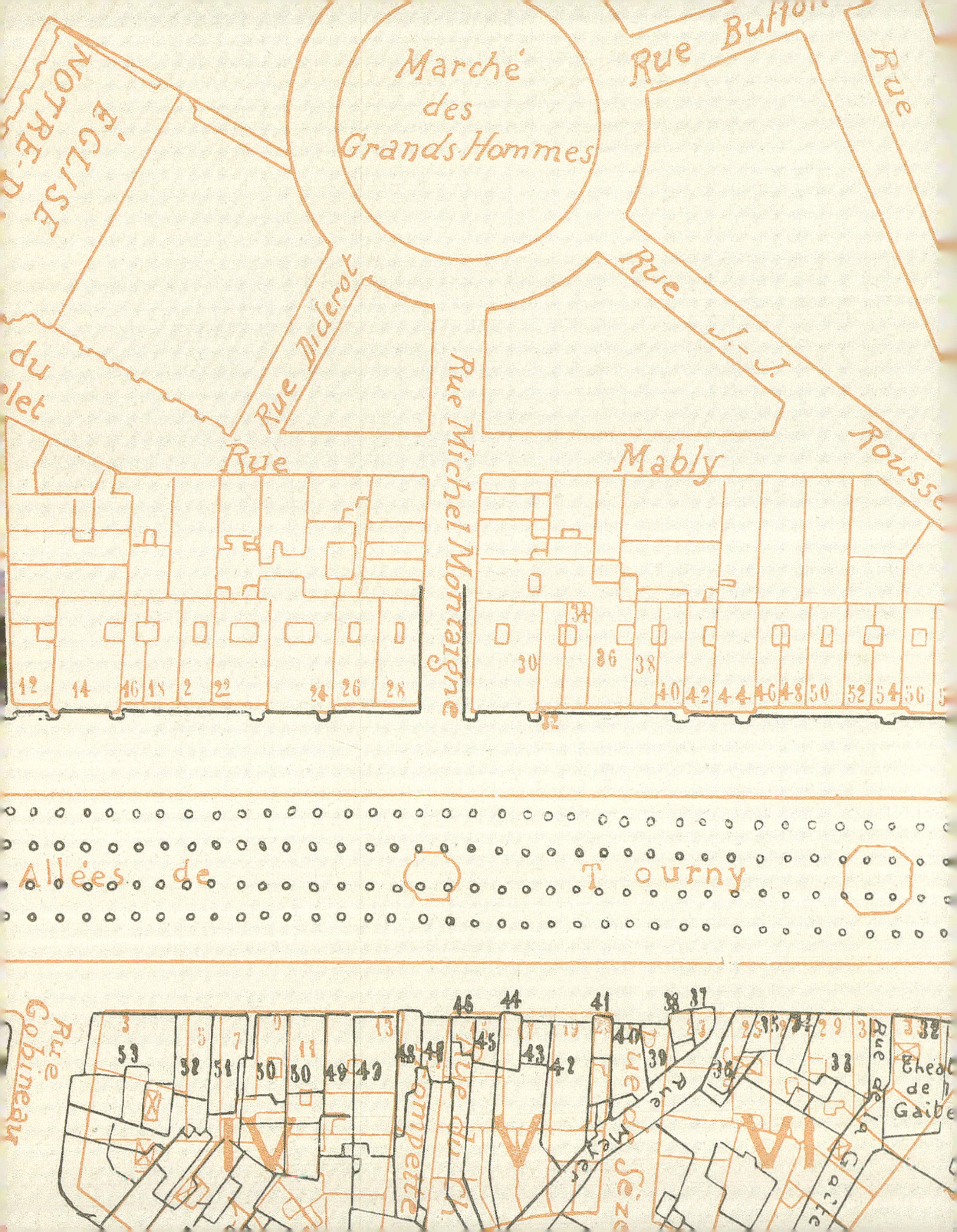
Marché des Grands-Hommes
Rue Buffon
Rue
ÉGLISE NOTRE-D
Rue Diderot
Rue Michel Montaigne
Rue J.-J. Rousse
Rue Mably
12 14 16 18 2 22 24 26 28
30 32 34 36 38 40 42 44 46 48 50 52 54 56
Allées de Tourny
Rue Gobineau
53 52 51 50 50 49 49 48 48 46 45 44 43 42 41 40 39 38 37 36 35 34 33 32
3 5 7 9 11 13 17 19 23 25 29 31 33
IV
V
VI
Rue Meyer
Théât de la Gaîté

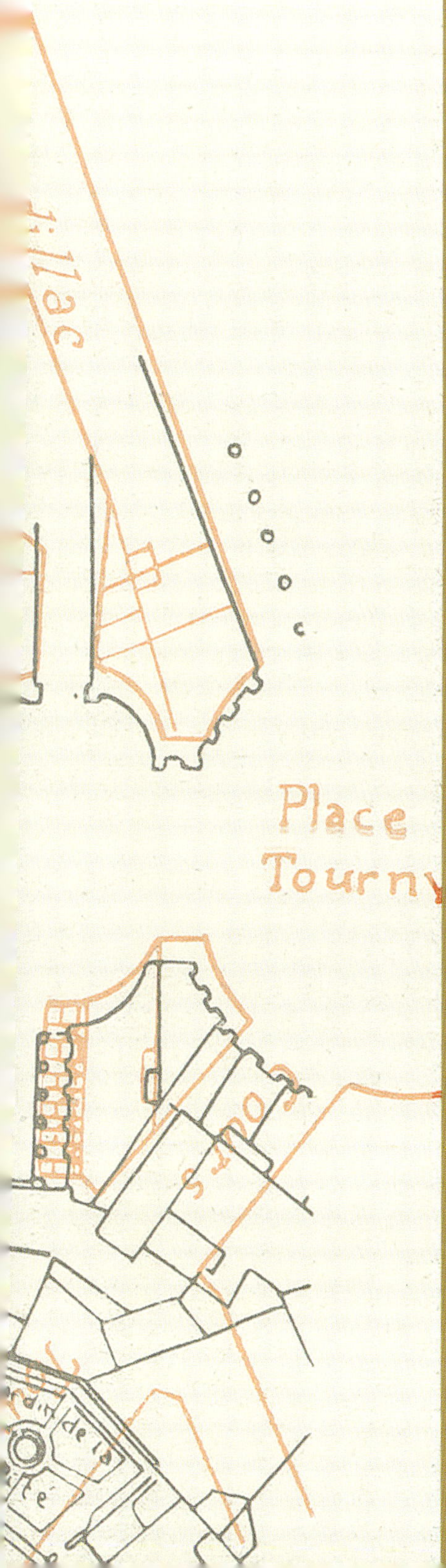

Dubern

Avant Dubern

Les divers occupants du 42 avant l'arrivée de Paul Dubern

Entre le 62, première installation de Paul Dubern et le 42, où sera créé le restaurant, il n'y a que quelques dizaines de mètres. On peut retrouver quelques-uns des différents propriétaires de cette adresse désormais mythique :
En 1820 et jusqu'en 1831, c'est une certaine famille Rodrigual, ou Rodriguez, qui loge au 42.
Puis le bâtiment paraît inoccupé. En 1861, nous trouvons Lucien Vidalie et Joseph Estrade, célibataires.
En 1870, le coiffeur Petit, les tailleurs Dufau Fils et deux modistes, Brun et Cros.
Si Petit est toujours là en 1873, c'est Mousteu, un « limonadier », entré le 1er mai, qui prend possession de la boutique du rez-de-chaussée, pour y ouvrir le Café de France.
À la fin du XIXe *siècle, époque à laquelle les clubs de vélo se multiplient,* Véloce-Sport *annonce, le 31 décembre 1891, la naissance du Club vélocipédique de Bordeaux, qui siège au 42, au-dessus du* Café *(parmi les 22 membres fondateurs, Jean Bergonié, 33 ans, professeur à la faculté de médecine).*
En 1895, le Café de France *d'Abadie, et le Club vélocipédique bordelais ont toujours pignon sur rue.*
Moreau et Cie s'installe le 1er janvier 1897. Puis Dupuy, tailleur pour dames Old England, *exploite le lieu à partir du 1er juin 1899.*
C'est le 1er juin 1905 que Paul Dubern prend possession des lieux.

En double page précédente :
Plan ancien des allées de Tourny, superposant la situation avant Tourny, en noir, et après Tourny, en rouge. A droite, les deux adresses de Paul Dubern, le 62 d'abord, puis le 42, à partir de 1905.

Ci-contre :
Première installation de Paul Dubern en 1894 au 62 des allées de Tourny. Carte postale, date indéfinie, mais on voit bien (à la loupe), l'enseigne Auriac au 62, sous laquelle on lit P. Dubern.

I. Des débuts chez Auriac

Un jour de 1882, rue Huguerie, à proximité de la place Tourny, un adolescent de 14 ans pénètre chez Toussaint Auriac, propriétaire depuis 1874 d'un magasin de « comestibilité parisienne »...

D'où vient cet Auriac ? Quelques années auparavant, en 1869, on le trouve au numéro 2 de la place du Grand-Marché (aujourd'hui de la Ferme-de-Richemont). Il y installe le siège de sa société, une entreprise de comestibles, dont certainement des conserves, puisque cette invention s'est répandue depuis un demi-siècle. Tout près de là, Charles Burguet, architecte de la Ville, « rehausseur » notamment des allées de Tourny, bâtira les grandes halles métalliques inspirées de Baltard qui abriteront le futur marché des Capucins.

Puis il déménage, se rapprochant du centre-ville. En 1874, il se retrouve rue Huguerie, non loin de la place et des allées de Tourny. Là, il vend sa « comestibilité... », synonyme de haute qualité, de luxe, dont raffolent la bourgeoisie, les notables et la noblesse du bouchon ; enfin tous ceux qui ont les moyens de s'offrir de pareils produits. Ces magasins semblent s'être multipliés depuis un demi-siècle en France. On les trouve à Paris, forcément, mais aussi en province, et bien sûr à Bordeaux. Toussaint Auriac a bien compris qu'il y a là une source d'enrichissement importante. C'est ainsi qu'il va développer son affaire et entraîner dans son sillage ce jeune commis qu'il vient de recruter : Paul Dubern.

Celui-ci a vu le jour le 26 janvier 1868, à Saint-Avit, petite commune landaise, non loin de Mont-de-Marsan. Le patronyme de Dubern est assez typique des Landes. Comment a-t-il transité des Landes vers Bordeaux ? Peu importe. En tout cas, il semble qu'il se soit très vite adapté à son nouveau décor de la rue Huguerie.

Son intelligence, sa compréhension du « client », son sens commercial sont à l'évidence très aiguisés. Le travail est dur, toutes les écritures se font à la main, les bras et les bêtes charrient les marchandises. Une véritable école de la vie, dont Dubern va rapidement tirer le plus grand bénéfice.

Les annuaires de 1891 à 1893 citent un « AURIAC (T.) et fils jeune, expédition de fruits frais ; spécialité de raisins frais encaissés ; écrevisses des Pêcheries Russes, cuites ou vivantes à toute heure, rue Huguerie, 12. Spécialité de gelées de pommes, fruits entiers à la gelée vanillée ; 28 médailles or et argent, 6 diplômes d'honneur ». Distinctions émérites, un fils qui serait susceptible de prendre la succession, des produits de qualité, et l'apparition de ces succulents crustacés que sont les écrevisses : le jeune Dubern a, semble-t-il, suivi l'école idéale, notamment en matière de fabrication. Il va bientôt s'émanciper.

Après des années de collaboration, et son service militaire, Paul Dubern prend en 1894 la succession d'Auriac. Il va notamment produire, dans la conserverie de la rue Huguerie, un consommé fameux, qui, exporté, fait aussi le bonheur de clients étrangers. Le jeune « patron » a même le téléphone, numéro 344. Apparaît aussi le célèbre emblème de la maison : l'écrevisse.

II. Installation de Paul Dubern sur les allées de Tourny

Paul Dubern ne se contente plus de faire des conserves et autres « comestibles ». Il ouvre une succursale, une épicerie fine, à quelques centaines de mètres, au 62, allées de Tourny.

Dans son *Histoire générale de l'industrie* (tome II, Laurens, Paris, 1895), Albert Bleunard donne de précieuses indications sur les produits de Bordeaux de cette époque. La moutarde est par exemple l'une des plus renommées, avec celles de Dijon et de Paris. La ville est réputée pour ses raisins secs et ses conserves alimentaires, de légumes en particulier. On apprend ainsi que « l'industrie des conserves de volailles a pris en France une extension considérable. Les grandes usines de conserves fines de Paris, de Bordeaux, de Nantes, du Mans, de Toulouse, expédient dans le monde entier leurs produits de qualité supérieure. Nulle part ailleurs, en effet, on ne trouve de viande meilleure, de graisses plus excellentes, un assaisonnement mieux approprié ».

Dubern devient en outre l'agent général d'une autre maison, très réputée, surtout pour ses biscuits : Scapini.

« Le biscuit anglais, dont l'*albert* a été le type primitif, si varié depuis, est formé de farine de blé, de beurre, de sucre, parfois d'œuf ; on le fabrique au moyen de procédés analogues à ceux employés pour la fabrication du biscuit de mer. La cuisson s'opère en faisant circuler les pièces dans un four très long. L'étuvage succède à la cuisson. [...] Cette fabrication a donné lieu à une grande industrie en Angleterre ; la maison Mac Farlane, Lang et Cie occupe 500 ouvriers. Paris et d'autres villes de France en fabriquent aussi de grandes quantités, notamment les maisons Guillout, Olibet, Vendroux, Scapini, etc. »

Mais ce n'est pas au 42, adresse actuelle du fameux restaurant, que Paul Dubern s'installe. Il signe un bail de location au 62, où il entre officiellement le 1er février 1895. Son nom, sur tous les documents, est toujours associé à celui d'Auriac. La palette s'est élargie : « Comestibles 1er choix. Fruits et primeurs. Liaison d'expéditions. Grandes spécialités d'écrevisses, importation directe des pêcheries russes. Grande spécialité de chasselas en caisses de 3 et 5 kilos, expédition toute l'année – beurre extrafin 2 fr le ½ kilo. Agent général de la maison Scapini (biscuits). »

Ah les écrevisses ! Elles renvoient alors forcément au chef emblématique de la fin du XIXe siècle, Félix Desplanques,

Caricature de la maison Auriac, au début du XXe siècle, autour du fameux symbole de l'écrevisse.

Publicité de la maison Auriac, vantant les qualités de son beurre.

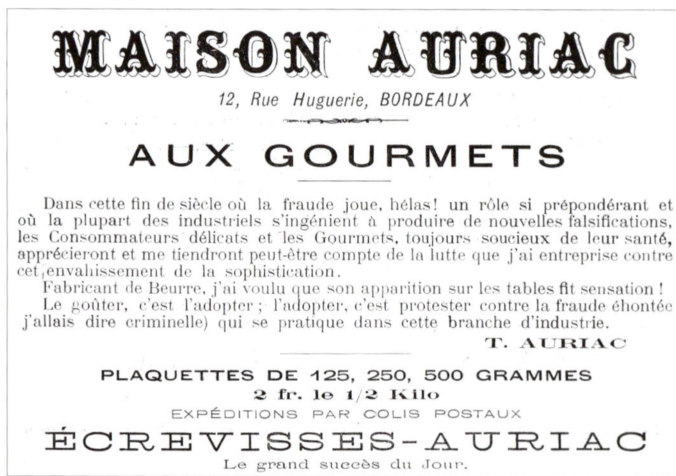

Publicité Scapini, marque de biscuits italiens vendus par Paul Dubern, qui en devient l'agent général lorsqu'il s'installe au 62 des allées de Tourny.

alias Alcide Bontou, auteur du célébrissime *Traité de cuisine bourgeoise bordelaise*, un précieux concentré de la gastronomie de Bordeaux et du Sud-Ouest. Paul Dubern le connaît nécessairement. Notamment la recette des écrevisses à la bordelaise, assortie d'une manipulation « spéciale ».

Les écrevisses à la bordelaise

« Coupez en très petits dés deux carottes, deux oignons, quatre échalotes ; faites-les revenir dans une bonne cuillerée de beurre. Ajoutez une feuille de laurier, deux branches de thym hachées, une gousse d'ail entière que vous retirez au moment de servir, douze grains de poivre, une pincée de Cayenne. Lorsque vos légumes ont pris couleur, mouillez-les avec une demi-bouteille de vin blanc ; laissez réduire à moitié.

Prenez vingt-quatre écrevisses ; châtrez-les. Cette opération se fait en prenant la branche du milieu de la queue de l'écrevisse, où vous trouvez cinq nageoires ; prenez celle du milieu entre le pouce et l'index ; tournez-la et tirez : il en sort un long boyau, lequel, si on le laisse, donne un goût d'amertume à l'écrevisse.

Vos écrevisses ainsi préparées, jetez-les dans la casserole où se trouve votre réduction ; couvrez-les hermétiquement et laissez réduire en ayant soin de les faire sauter ; dix minutes de cuisson suffisent.

Au moment de servir, mettez 100 grammes de beurre coupé en petits dés, et remuez pour bien lier la sauce, qui doit être courte. Servez dans une soupière ou un légumier ! »

Plan du quartier en 1682. Les allées de Tourny ne sont alors qu'une bande de terrain en limite du glacis du château Trompette et des murs du domaine des Jacobins.
Elles sont fermées par deux portes, Saint-Germain (l'actuelle place deTourny), et Chapeau-Rouge, du côté de la Garonne.

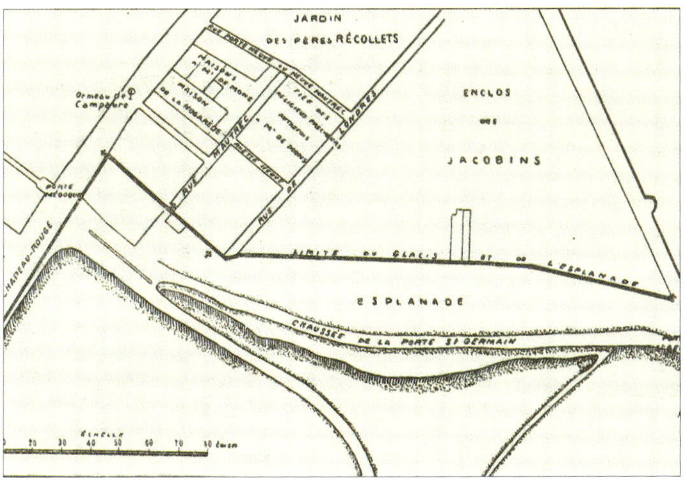

En tout cas, l'installation de Paul Dubern sur les allées de Tourny va être déterminante pour son avenir.

III. Petite histoire des allées de Tourny

En 1743, Bordeaux est en plein chantier, avec ses odeurs fortes, ses rues à la salubrité relative, sa population tellement contrastée. Les Bordelais, conservateurs et farouches, difficiles à manœuvrer, à convaincre, ont plusieurs fois été sanctionnés par l'autorité royale pour avoir trop contesté et même s'être révoltés.

Le chef d'orchestre du grand aménagement est Tourny, marquis de son état. Il vient d'arriver, pour prendre la suite de Claude Boucher, et va rester là presque quinze ans – avant que lui succèdent Boutin, puis Dupré de Saint-Maur.

Tous ces acteurs travaillent à transformer la ville pour lui offrir le si beau visage du XVIIIe siècle que, chanceux, nous pouvons encore admirer aujourd'hui.

L'actuelle place des Quinconces est alors encore occupée par le château Trompette, entouré d'un « glacis » sans la moindre habitation, une zone plutôt mal famée, dont va s'occuper Tourny, créant des chemins et des rues droites.

Les fameuses Allées ne sont encore qu'une bande de terrain – le chemin du Médoc –, parsemée de trous, boueuse à souhait par temps de pluie. Sinueuse et large, peu fréquentée, et desservie seulement par deux routes, elle suit deux longs murs : l'un marque la limite avec le glacis du château Trompette, l'autre celle du domaine des Dominicains, appelés aussi Jacobins. « De vieilles maisons et quelques magasins s'adossaient à chaque muraille. Les abords du château, encombrés de déblais et salis d'immondices, n'attiraient que la soldatesque, les dévergondés, les malfaiteurs et les filles de joie », écrit un historien.

Il faut donc détruire toutes ces masures. Mais, au-delà, Tourny voit plus grand et plus loin. Bientôt, dans le prolongement de la rue Fondaudège, on peut suivre le tracé des Allées, fermées par deux portes refaites, Saint-Germain (l'actuelle place deTourny), et Chapeau-Rouge, du côté de la Garonne – qui finiront par disparaître. Tourny décide aussi de « construire ».

À l'issue de ces travaux, quatre rangées d'ormeaux et de tilleuls de Hollande forment un angle au niveau de la place de la Comédie, et courent jusqu'au fleuve. Mais pour la construction des bâtiments, Tourny rencontre diverses oppositions, dont celle des Dominicains, qui ne veulent pas se défaire de leurs terrains et souhaitent rester à l'abri. Une lutte épuisante aboutit enfin à un accord.

Une autre querelle, de taille, vient du commandant des fortifications de la Guyenne qui prétend que les bâtiments vont gêner les canons pointés sur la ville trop indépendante, si d'aventure la population se mettait à arroser le château de boulets ! Argenson, ministre de la Guerre, tranche et fixe la hauteur des édifices, qui ne seront bâtis que sur la façade nord (les numéros pairs).

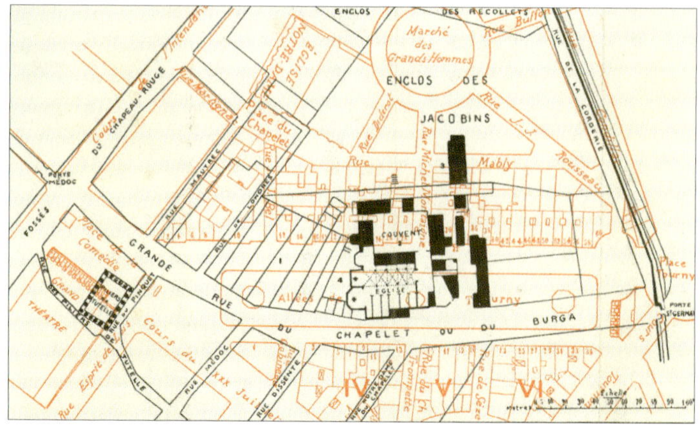

Un autre plan du quartier au XVIIe siècle, en noir. En rouge, le plan moderne.

Soit 8 à 9 m de hauteur, sur deux niveaux surmontés de combles à l'italienne, avec lucarnes, le toit étant couvert d'ardoises sur le côté des Allées (seuls les n° 14 et 28 conserveront cette configuration originale).

La majorité des terrains sont vendus à des architectes, consuls, trésoriers ou négociants. Les dernières adjudications interviennent après le départ de Tourny. Les Allées, déjà l'un des secteurs les plus coûteux de Bordeaux, prennent véritablement leur physionomie dans les années 1760. Il fait bon s'y promener, l'ambiance est paisible et chic. Mais en 1773, c'est à nouveau un chantier qui débute,

Vue de l'esplanade du Château Trompette et des allées de Tourny en 1755.

État primitif de l'élévation de la façade uniforme des allées de Tourny.

Surhaussement de la façade par Charles Durand en 1884.

avec la construction du Grand Théâtre de Victor Louis, inauguré le 7 avril 1780 avec *Athalie*. Tout le gratin bordelais s'est déplacé, les femmes rivalisent d'élégance.

Et bientôt, les Allées prennent leur dimension d'aujourd'hui, soit 265 m.

Pour surélever leur demeure, les propriétaires attendent impatiemment la démolition du Château Trompette. Celui-ci, vétuste, ruiné, sera mise en vente à partir de décembre 1785. Et s'il n'est détruit que vingt-trois ans plus tard, le « glacis » autorise enfin la construction de maisons, hautes cette fois-ci.

Ainsi, avant la fin du XVIIIe siècle, on construit notamment deux bâtiments qui vont suivre les numéros impairs : d'un côté, au coin du cours du XXX Juillet, l'hôtel Gobineau (conseiller au Parlement de Bordeaux), qui abrite aujourd'hui le CIVB ; de l'autre côté, Jacques Moreau, confiseur de son état, fonde un café très réputé. À sa mort, ses héritiers vendent l'ensemble à Daniel Christophe Meyer, consul de Hambourg, qui y fait construire un hôtel particulier, achevé en 1797 – Air France y loge aujourd'hui.

Pourtant, dans les années 1790, les Allées sont plutôt négligées. Aucun aménagement public sérieux n'est engagé, malgré de nombreux projets. Faute d'entretien, les quatre rangées de beaux ormeaux dépérissent.

La disparition du Château Trompette transforme la ville. Côté pair, les surhaussements patienteront. Côté impair, en attendant que les immeubles sortent de terre, des baraques s'installent. On en compte jusqu'à 328 ! C'est le règne des cafés et des scènes, à deux pas du Grand Théâtre, qui contrastent avec la façade ordonnée des numéros pairs, tant sociologiquement que physiquement. Le Théâtre de l'Union ouvre le 10 juin 1795 et fonctionne environ un an. On y voit des acteurs réputés, comme Mme Contat. Le théâtre Blondin et sa troupe italienne, ceux de l'Union et de l'Émulation prennent aussi leurs quartiers. Le spectacle est saisissant !

Au 37, une plaque rappelle qu'en 1802, la famille Meyer employa pendant cinq mois un précepteur pour les enfants du consul, le poète allemand Friedrich Hölderlin (1770-1843), qui livre ses impressions dans *Souvenirs de Bordeaux* :

« ... Pars donc et porte mon salut
À la belle Garonne
Et aux jardins de Bordeaux, là-bas... »

Les Allées vont bientôt devenir, au centre du fameux Triangle d'Or bordelais, le cœur des plaisirs et des mondanités. Au lendemain de la Révolution et sous l'Empire, elles sont encore le cadre de réjouissances profondément populaires, grâce aux baraques et aux théâtres. Un personnage marque cette période : Jean-Baptiste Cortay, alias Bojolay, que les habitants du 42 ont sûrement souvent croisé. Comme ce monsieur Dussumier, juge au tribunal de commerce, propriétaire de la maison en 1812... À la hauteur du numéro 32, Bojolay installe en 1798 son

Théâtre des Patagoniens, pour y produire des *fantoccini* (marionnettes). Sa baraque brûle, il en remonte une autre : le Théâtre de la Gaîté, ouvert le 16 mai 1804. Une scène qui connaît un succès extraordinaire, jusqu'à ce qu'elle disparaisse aussi dans les flammes, le 15 décembre 1819. À partir de 1809, Bojolay fait mieux : il prend pendant onze ans la direction, prestigieuse, du Grand Théâtre, qu'il marque par ses programmations et ses distributions. En avril 1821, il est rappelé pour redresser la gestion désastreuse de son successeur. Mais le 14 mars 1822, il est en cessation de paiement et se retire. Sans ressources, ayant tout perdu, il meurt à l'hôpital des pauvres, dans la misère !

La fin du Théâtre de la Gaîté marque un tournant mondain, bourgeois. L'ambiance a changé. D'ailleurs, on loue déjà des chaises sur les « promenades » de Tourny. Une de ces chaisières, haute en couleur, va marquer les esprits : Anne Duranton, dite Anniche, chargée d'entretenir les arbres et fervente royaliste. Même Chateaubriand la cite dans un entretien, et dans ces termes :

« Anniche était fort belle, et s'était fait connaître sous l'Empire par l'ardeur de son royalisme. Je l'ai admirée à Bordeaux, en 1815, louant des chaises à tous les promeneurs des allées de Tourny ; elle n'avait pas d'autre fortune. On m'assure que son fils a figuré parmi les héros républicains en 1848. Serait-ce donc à l'instigation de sa mère, pour renverser le gouvernement de Juillet, qu'Anniche détestait bien plus cordialement encore que l'Empire ? »

Chateaubriand va jusqu'à mentionner Anniche dans ses *Mémoires d'Outre-tombe* ! Et la réputation de la dame la suit jusqu'à Paris. Elle ne s'arrête pas là. Elle s'illustre dans une affaire qui fait jaser toute la ville. Dans *Les allées de Tourny*, produite en 1814, elle est en effet dépeinte en entremetteuse de mariages et confidente de jeunes gens aimant en secret, à l'insu de leurs parents. Elle en rit, mais, poussée par son mari et sa famille, elle attaque l'auteur, Lepeintre jeune, qui change son nom pour celui de Catiche, et le titre pour celui de *Promenade de Tourny*.

Eh bien ! offensée, Anniche finit par obliger l'auteur à reconnaître son erreur et, contre le retrait de sa plainte, à verser de l'argent aux pauvres. « Ces Messieurs apprirent à leurs dépens, que s'il est possible de tout voir, il n'est pas toujours permis de tout dire », dira perfidement un commentateur...

Dès 1816, débute la construction des numéros impairs. Trois îlots sont délimités, et séparés par les rues qui existent toujours. Des personnalités élisent domicile aux Allées, comme le violoniste Rode vers 1826, le négociant Balguerie Junior, mais aussi deux cafetiers. Installée au n° 20, de 1809 à 1855, la librairie de Charles Lawalle, membre d'une lignée d'imprimeurs et libraires, y est la mieux fournie de la ville.

« Prenez Versailles et mêlez-y Anvers, vous avez Bordeaux. [...] Tout dans le Bordeaux moderne respire la grandeur comme à Versailles ; tout dans le vieux Bordeaux raconte l'histoire comme à Anvers. Ces fontaines, ces colonnes rostrales, ces vastes allées si bien plantées, cette place Royale qui est tout simplement la moitié de la place Vendôme posée au bord de l'eau, ce pont d'un demi-quart de lieue, ce quai superbe, ces larges rues, ce théâtre énorme et monumental, voilà des choses que n'efface aucune des splendeurs de Versailles. »

Alpes et Pyrénées,
recueil de voyage de Victor Hugo,
de passage à Bordeaux, en juillet 1843.

Quant aux vieux ormes, livrés à eux-mêmes, il est un temps question de les remplacer par un bazar. Ce qui reste, abîmé par les vents et les rigueurs de l'hiver, est finalement abattu en 1831. Pierre Bernadau s'en désole en 1844 : « Puis on annonça que dans l'année suivante on rétablirait cette promenade, pour le renouvellement de laquelle on sollicitait les avis des gens de l'art [pour la décorer avec des statues, un terre-plein]. Cette promesse est restée sans exécution. Au centre d'un beau quartier, la vue d'un vaste terrain absolument vide a affligé les habitants, qui croyaient que le nom seul du grand administrateur auquel ils devaient ces magnifiques allées, les préserverait de la destruction. Ils s'en consolent maintenant, en songeant qu'elles vont être incessamment couvertes par des monuments consacrés à la mémoire de Montaigne et de Montesquieu, qui font aussi la gloire de Bordeaux. »

D'autres proposent une fontaine, comme cet *Album du voyageur à Bordeaux*, de 1837 : « Depuis que les allées ont été abattues, l'espace qui sépare les deux façades, et qui a la forme d'un rectangle d'une longueur démesurée, semble réclamer une destination nouvelle. Les statues de Montesquieu et de Montaigne qu'on veut y placer ne suffiront pas pour combler le vide ; il nous semble qu'il serait convenable d'élever au milieu une fontaine ou un jet d'eau,

Les allées de Tourny au début du XXe siècle. Les fontaines ont été installées en 1857. La statue de Napoléon III a disparu, abattue en 1871. Celle de Léon Gambetta a été inaugurée en 1905. Le tramway électrique a remplacé le tramway à traction hippomobile en 1900.

et de rétablir, sur les côtés, des allées plus étroites que les anciennes et dont les arbres seraient tenus à une hauteur déterminée, comme ceux du Palais-Royal de Paris. Une pareille disposition atténuerait le contraste que présentent les deux façades, et ce long espace, inabordable pendant les chaleurs, deviendrait une promenade agréable. »

Pour avoir une idée de l'atmosphère des cafés au milieu du XIXe siècle, il faut passer du temps à celui des *Quatre Sœurs*, aujourd'hui *Napoléon III*, en face de l'hôtel Gobineau. Le décor des salles date de 1841, entre colonnes corinthiennes, boiseries, chapiteaux, patines et stuc. Neuf ans plus tard, on y voit Richard Wagner, attendant une femme mariée, Madame Laussot. Or le mari, averti, a préféré quitter la ville avec son épouse. Wagner, convoqué par les autorités, est contraint de partir !

En face du Grand Théâtre, il y a l'incontournable et réputé *Café de Bordeaux*, où Victor Hugo prononcera un célèbre discours le 1er mars 1871. Il a laissé place aujourd'hui au *Grand Hôtel* : la partie historique, magnifiquement restaurée, a été conservée au premier étage.

Il faut dire que les milieux politiques et savants se retrouvent autour de la place de la Comédie. Les auteurs et le monde du théâtre se concentrent plutôt à deux pas des allées de Tourny, autour de la place des Grands-Hommes, notamment rue Montesquieu, au *Chapon Fin*, fondé en 1825, une des meilleures tables de la ville !

Il faut attendre 1853 pour que la municipalité tienne enfin compte enfin des revendications des propriétaires des numéros pairs qui souhaitent ajouter des étages.

L'architecte Charles Burguet est à la baguette et surveille scrupuleusement le respect des règles. Un étage est ajouté sous la mansarde dont la pente est redressée, pour donner de la hauteur. La plupart des propriétaires en profitent.

Pendant que les ouvriers finissent de s'activer, un garçon naît en 1855 à Bordeaux : Éloi Ouvrard. Un personnage attachant, créateur de ce qui deviendra le « comique troupier ». Dans son recueil de souvenirs, *Elle est toute nue ! La vérité sur la vie des coulisses*, paru en 1929, il évoque les allées de Tourny : « Mon père qui possédait, à Bordeaux, un important magasin de tailleur, situé sur les allées de Tourny, avait fait de mes deux frères plus âgés que moi, l'un de dix ans, l'autre de huit ans, deux excellents coupeurs. De sorte que l'auteur de mes jours en était arrivé à s'imaginer que pour réussir dans la vie il fallait avant tout, savoir tailler des pardessus, des jaquettes et des complets vestons. La comédie et les chansonnettes ne devaient venir qu'en supplément, comme passe-temps, les ciseaux d'abord et les roucoulades ensuite ! »

Repéré à treize ans, pour sa voix, il fera une carrière exceptionnelle.

En mars 1857, Antoine Gautier, maire de l'époque, propose d'acheter deux fontaines monumentales de l'Exposition universelle de Paris, qui seront installées à chaque extrémité, entourées de gazon et de fleurs. Bancs en granit et lampadaires complètent le tableau. Quel bonheur de s'asseoir à proximité et de recevoir la fraicheur de l'eau par temps chaud

Et au centre ? Le maire, encore lui, fait une autre proposition : une statue équestre de Napoléon III, exécutée par Debey fils. L'œuvre est inaugurée le 20 avril 1858, sous l'acclamation de la foule. Sur l'une des faces, on peut lire cette phrase de l'empereur : « L'Empire c'est la Paix. » Douze ans plus tard, la chanson sera très, très différente… Lorsque la guerre est déclarée à la Prusse en 1870, c'est un peu la stupeur sur les Allées. À juste titre, parce que la défaite est terrible. À Bordeaux, ceux qui encensaient la statue se retournent contre elle.

Le 3 janvier 1871, au moment où la statue de l'empereur est abattue, Paul Dubern, fondateur du restaurant du même nom, a trois ans à peine.

IV. Paul au 62

Sur les Allées, 25 ans plus tard, tandis que Paul Dubern fait déjà de la « réclame » à son adresse du 62, ce mois de février 1896 est le cadre d'un événement extraordinaire, mot adapté, dont il a au moins eu vent. À moins qu'il n'y assiste ! Au numéro 10, une plaque rappelle la venue du cinématographe des frères Auguste et Louis Lumière.

Après leur première présentation, retentissante, à Paris, le 28 décembre précédent, ils ont entamé un tour de France. Bordeaux est leur troisième étape. Ils choisissent donc le siège de l'hôtel des sociétés savantes, où se trouvait auparavant l'Académie des sciences, belles-lettres et arts de Bordeaux. L'annonce de leur arrivée a été faite dès le 18 décembre, devant un parterre de personnalités soigneusement sélectionnées. La projection, le 29 février, est un succès, on s'en doute, et l'invention entourée de qualificatifs élogieux. Le cinéma ne s'arrêtera plus.

Durant leur séjour, les frères Lumière tournent un petit film, *Place de la Comédie*, qui montre des passants et des voitures devant le Grand Théâtre. Malheureusement, l'institut Lumière de Lyon, qui confirme l'existence de ce film, le range dans la catégorie « hors catalogue ». On ne peut donc pas le voir. Dommage !

Le 12 avril 1900, Paul Dubern, « fils de père non nommé », est reconnu officiellement à la mairie de Bordeaux par sa mère, Jeanne Dubern.

Concernant les affaires, en tout cas, elles ont l'air d'être florissantes. Si l'on excepte quelques tracasseries administratives et procédurières… Pour preuve, le 25 avril 1901, Dubern écrit au préfet de la Gironde une lettre qui se passe de commentaires :

« Monsieur le Préfet de la Gironde
Bordeaux

Monsieur le Préfet

J'ai l'honneur de vous exposer que j'exploite à Bordeaux 12 rue Huguerie avec succursale 62 allées de Tourny deux magasins pour la vente des écrevisses. L'octroi m'informe qu'il me sera dorénavant impossible d'importer des susdits crustacés d'après la loi de 1865 – il y a 20 ans que ma maison est créée et il y a vingt ans que j'y suis. Jamais on nous a interdit de rentrer des écrevisses de Russie venant par l'Allemagne avec un certificat d'origine. Il arrive à Paris et dans toute la France des centaines de mille d'écrevisses de la même provenance. Je viens vous prier, Monsieur le Préfet de me permettre d'importer comme par le passé des écrevisses avec les certificats de la provenance. Je tiens à vous dire que jamais je n'ai vendu des écrevisses françaises qui sont beaucoup trop petites pour la consommation.

Si l'autorisation ne m'était pas accordée je serais obligé de fermer mes maisons et ça serait la ruine complète. Comptant sur votre très obligeance, et dans l'attente, j'ai l'honneur, Monsieur le Préfet, de vous présenter avec les remerciements anticipés mes salutations dévouées.

Paul Dubern

(PS) Paris réexpédie tous les jours dans toute la France des quantités d'écrevisses venant de Russie. Comme les miennes. »

On imagine l'issue de cette affaire.

Le 1er mai, M. Chavegrin, de la direction des eaux et forêts du ministère de l'Agriculture à Bordeaux, rend un rapport favorable : Paul Dubern respecte les règles en vigueur. De plus, « toutes les écrevisses reçues et vendues par M. Dubern lui viennent de la maison Ruben et Bielefehld à Cologne. Elles sont expédiées de Russie ; mais comme l'envoi direct en France serait impossible, leur ravitaillement a lieu en divers points d'Allemagne. D'abord dans des lacs artificiels, puis, près de Cologne, dans des réservoirs particuliers, au nombre de 30, appartenant à la maison Ruben et Bielefehld. Elles séjournent, paraît-il, très longtemps dans ces réservoirs, et c'est de là que l'on tire toutes les commandes à destination de diverses maisons de comestibles d'Europe. » Résultat, nous savons dans quelles conditions voyagent ces crustacés ! Quant à Dubern, il a gain de cause et peut reprendre ses importations, à condition de fournir des certificats d'origine. La « ruine » est évitée.

Coïncidence ou providence ? Exactement le jour où Dubern écrit sa lettre au préfet, il déclare à la mairie de Bordeaux la naissance de son premier fils, Robert, qui deviendra négociant, « né chez lui avant-hier matin ». La mère, âgée de vingt-quatre ans, se prénomme Marguerite, Pinard de son nom de jeune fille. Elle va jouer un rôle central, en particulier après la disparition de son mari.

Les parents, évidemment mariés, conçoivent ensuite un second fils, Jean-Jacques, déclaré le 22 décembre 1902, et né « avant-hier soir à une heure ». Il suivra la prestigieuse école hôtelière de Grenoble, qui existe toujours, et en sortira major.

La lignée Dubern est en marche...

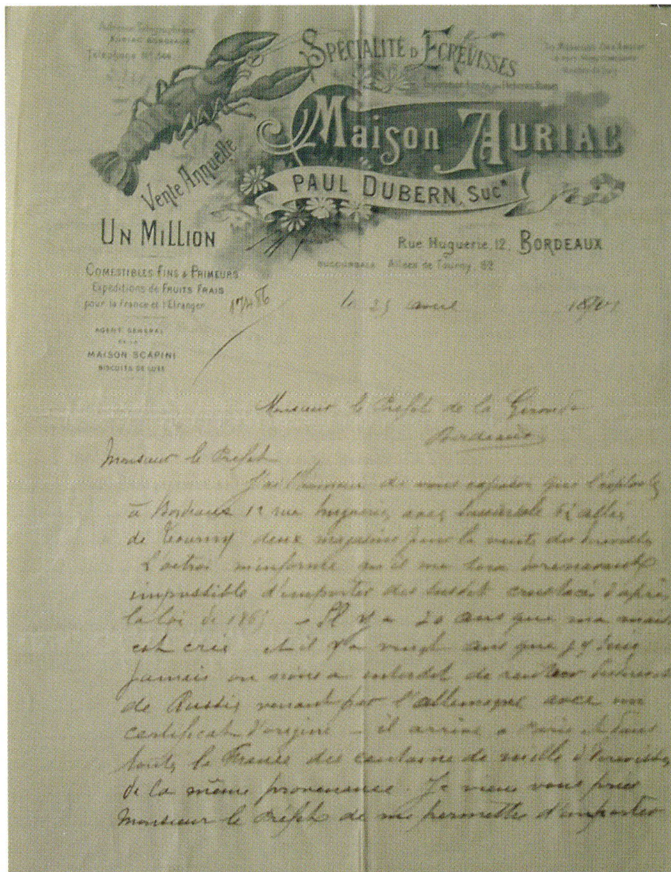
Spécialité d'Écrevisses
Maison Auriac
Paul Dubern, Succr
Vente Annuelle
Un Million
Rue Huguerie, 12, Bordeaux
Comestibles fins & Primeurs
Expéditions de Fruits frais pour la France et l'Étranger
Agent général de la Maison Scapini
Biscuits de luxe

Monsieur le Préfet de la Gironde
Bordeaux

Monsieur le Préfet

Lettre de Paul Dubern au préfet de la Gironde, le 25 avril 1901. À cette époque, Paul est encore au 62. Sur l'en-tête cohabitent les deux noms d'Auriac et de Paul Dubern.

Mais dans cette publicité de 1906, il a déménagé au 42.

Paul Dubern au 42

1905-1942

« Dubern : un lieu singulier !
Lorsque nous avons repris le restaurant, il n'y avait qu'une seule porte d'entrée. En regardant attentivement la façade, apparaissent les deux travées de fenêtres de l'entresol, surmontées des cinq travées de chacun des deux étages supérieurs. Nous avons tenu compte de ces contraintes par rapport à la rue, tout en respectant les consignes et critères des Bâtiments de France. Pour cela, nous avons créé une grande porte à double ouverture. Elle est soulignée par une marquise respectant le rythme de la façade. »

Pierre et Isabelle Dupuy Schoell

Le 42, allées de Tourny, emplacement de Dubern *depuis 1905. On aperçoit le rez-de-chaussée et l'entresol. Au-dessus, les cinq travées des étages.*

I. 1905 : CHANGEMENT D'ADRESSE

Au 62 des allées de Tourny, Paul Dubern poursuit son commerce, mais plus pour longtemps. « L'épicerie jouxtait un bureau de tabac tenu par un ou une A. Badie. Vraisemblablement au début du siècle, Michel Badie, maître de chai, et Berthe Badie, mandataire des Capucins, prirent la suite des comestibles, ajoutèrent une cave et cédèrent le tabac[1]. »

Ainsi, pendant que les Badie occupent leur adresse historique, Dubern déménage pour le 42, où il entre officiellement le 1er juin 1905.

Il est bien entouré. Au 50, remplaçant un magasin de pianos, prend place un commerce de photographie : la succursale de Panajou Frères, enseigne apparue quarante ans plus tôt. Des pionniers donc, à la longévité exemplaire, puisque le magasin existe toujours.

Sur les Allées, un nouvel événement important a lieu quelques mois auparavant. En 1871, Bordeaux avait servi d'asile au gouvernement et au Parlement français fuyant Paris et l'avancée prussienne. Léon Gambetta, personnage clé de la IIIe République juste créée, avait prononcé de célèbres discours au Grand Théâtre, devant l'Assemblée nationale. Le 9 juillet 1901, le conseil municipal décide de dresser un monument à sa mémoire sur les Allées, financé par une souscription publique. Réalisée par Dalou et Formigé, la statue est inaugurée en grande pompe, le 25 avril 1905, en présence du président Loubet. On imagine Paul Dubern aux premières loges…

Il est également prévu d'installer sur les Allées des décorations végétales, arbres, plantes vertes, etc. Projet rapidement passé aux oubliettes, comme celui de l'implantation de palmiers à chanvre, présenté en novembre 1909. Et il faudra attendre 1924 pour que soit enfin replanté le site, en l'occurrence d'acacias dits Besson, sans épines et aux fleurs odorantes.

II. La Belle Époque

En ce début de XXe siècle, les techniques explosent : l'automobile, les sciences progressent, l'industrie tourne à plein régime, la paix règne en Europe et la république en France. C'est le temps des cafés, des cabarets, des marchands d'art, des mouvements artistiques – dont le cubisme, des concerts que fréquentent petits et grands bourgeois des villes. Des courants de pensée émergent ou se fortifient, à l'image du socialisme. Le monde ouvrier se fait de plus en plus entendre. Et la Grande Guerre mettra fin à cette période d'une bonne vingtaine d'années.

DUBERN
Donatello

En attendant, c'est la Belle Époque, et l'essor des restaurants et de la gastronomie se poursuit. Dubern « surfe » à plein sur cette vague. L'épicerie fine s'accorde avec le luxe qu'apprécie une bourgeoisie confortablement établie, à Bordeaux comme ailleurs. La ville est aussi une étape importante d'un tourisme balnéaire en plein développement. Des hôtels réputés s'installent, comme le *Majestic*, place Tourny, et le *Splendid*, allées d'Orléans, sur les Quinconces. L'architecture et la décoration, Art nouveau ou Modern Style, incarnent cette prospérité. Ferronnerie, mosaïque, dorures, colonnades, marbres, vitraux, sols… s'exhibent partout, comme au *Grand Bar Castan*, quai de la Douane, ou à *La Belle Époque* (bien nommée), allées d'Orléans. Mais pas de jaloux : l'épicerie *Dubern* possèdera aussi sa rocaille, ses vitraux typiques…

On imagine bien que *Dubern* bénéficie de sa situation, sur ces Allées tellement appréciées du gratin bordelais. Il est d'ailleurs établi non loin de deux établissements très réputés, le *Chapon Fin* d'un côté, le *Café Anglais* de l'autre, logé dans l'ancien hôtel Meyer. Le premier est un rendez-vous incontournable de la bonne société : « Il fait partie des 33 premiers établissements couronnés par Michelin en 1933. Aux premières heures du XXe siècle, négociants bordelais, riches voyageurs des transatlantiques, prestigieuse clientèle distinguée du *Café Anglais* en route vers leur villégiature de la Côte Basque, tout le grand monde s'arrête à Bordeaux, au n° 5 de la rue Montesquieu… Le *Chapon Fin* devient alors un nouveau rendez-vous très français, gourmand et raffiné ; Joseph Sicard, un chef plein d'avenir, y officie dans un surprenant décor de rocaille 1901, signé Alfred-Duprat. Toulouse-Lautrec vient souvent dîner avec son ami journaliste Paul Berthelot, Sacha Guitry ne jure que par le tournedos diplomate, tandis que Sarah Bernhardt raffole des ortolans. »

Comment tirer son épingle du jeu à côté de gloires pareilles ? Eh bien, dès 1906, l'épicerie se nourrit incontestablement de la Belle Époque. Dans les annonces, Paul Dubern vante sa « spécialité de consommé, véritable pot-au-feu des familles indispensable à tout ménage : le goûter, c'est l'adopter ».

L'année précédente, la mention de la rue Huguerie a disparu des annuaires. Dubern insiste désormais sur son commerce, tout en continuant de se situer en successeur d'Auriac. Son « consommé riche », son potage de bisque, ses « conserves extras », ses « pâtés de foie gras, spécialité d'écrevisses » qui se vendent toujours à un million d'exemplaires par an. Il est aussi traiteur : proposant des plats de cuisine sur commande, il fournit tout pour les dîners. Il expédie également, en France et à l'étranger, par colis postaux.

L'homme est plus audacieux encore : il va ouvrir un restaurant.

Terrasse et façade du restaurant, avec sa marquise.

« Nous avons choisi de créer une véritable entrée, à l'image de celles des demeures bordelaises, de la plus cossue à la plus simple. Au sol, les carreaux de ciment rappellent les anciennes maisons bourgeoises de la Belle Époque. À cet endroit, à l'origine, les produits reposaient au frais dans leurs paniers. Un mur d'images reliant passé et présent accueille maintenant les clients à l'entrée de l'établissement. »

Pierre et Isabelle Dupuy Schoell

Le vestibule d'entrée.

En pages suivantes :
Le bistrot gourmand, au rez-de-chaussée. Au fond, le vestibule donnant sur les allées de Tourny.

III. Un nouveau restaurant

Le restaurant, à l'étage, ouvre-t-il en 1914 ou en 1919 ? La seconde date semble la plus réaliste. Auparavant, il n'apparaît dans aucun annuaire : *Dubern* se résume à son épicerie fine. Mieux, cette année-là, Paul Dubern n'indique plus être le « successeur » d'Auriac. Il s'affranchit, devient Paul Dubern, « anciennement Auriac maison fondée en 1869 » !

Fidèle à la qualité, il peaufine encore la présentation de son épicerie, vitrine idéale pour le restaurant. Et il choisit ses produits avec un soin infini. Tout doit être du « premier choix », acheté sur place. Et pour être encore plus certain de la qualité, il a, depuis quelque temps, investi dans une propriété.

Elle se trouve sur la commune de Saint-Laurent-Médoc, au lieu-dit Le Pateau, huit hectares dont la forme pointue rappelle une presqu'île. Là, Paul plante un verger pour cultiver ses propres fruits de luxe, élève des volailles sélectionnées. Il possède aussi des vignes d'où sort son vin, un haut-médoc de qualité. Autant de produits qu'il vend en boutique et qu'il sert au restaurant.

D'après les anciens de Saint-Laurent-Médoc, Paul Dubern et son épouse viennent chaque semaine, la maison leur servant en quelque sorte de lieu de villégiature. Leurs deux fils continueront de fréquenter Le Pateau. La famille élève des tortues dans un bassin et en emporte quelques exemplaires chaque dimanche à Bordeaux, pour les transformer en une succulente soupe servie au restaurant !

IV. Les Années folles et l'Entre-deux-guerres

Fin 1918, après les massacres de la Grande Guerre, tout le monde a besoin de s'étourdir. À la Belle Époque succèdent les Années Folles. Bordeaux, comme le reste de la France, se reconstruit et se modernise : bourse du Travail, stade, piscine Judaïque, hôtel Frugès sont parmi les monuments phares. L'Art déco remplace l'Art Nouveau, dont la Maison cantonale de la Bastide, sur la rive droite, est un exemple saisissant : à la baguette Cyprien Alfred-Duprat, encore lui !

De son côté Dubern évolue dans un contexte gastronomique toujours en expansion. Allées de Tourny, Bordeaux affiche ses nouveaux restaurants, certains excellents, comme le *Moderne* de G. Jardin (n° 3), le *Madrid* (n° 9) ou le *Restaurant italien* (n° 11)… La restauration a pris une telle ampleur que deux gastronomes, Curnonsky et Marcel Rouff, se lancent dans une formidable entreprise : recenser les « merveilles culinaires et les bonnes auberges françaises ». Le tome trois de cette France gastronomique est consacré en 1924 à Bordeaux et aux Landes.

CHATEAU
LA DAUPHINE
2008
FRONSAC
CHATEAU
2008
IROULÉGUY
Arretxea
2010
ANGELUS
Grand Cru Classé
CHATEAU
ANGELUS
1995
DE BOÜARD DE LAFOREST & FILS
Château
Poitevin
BISTROT

En pages précédentes :
« Nous aurions pu refaire un "sosie" de Dubern, avec son bar.
Ou alors avec son épicerie à l'ambiance de bazar élégant, pour y poser des balances, vendre des conserves, des cèpes et autres merveilles.
Nous avons préféré, tout en restant dans la lignée de l'institution, donner vie à une salle à part entière, qui résonne des conversations et du tintement des couverts. Un vaste accueil, avec sa réception, dont nous avons pensé tous les éléments dans l'esprit si élégant de la Belle Époque.
Miroir, baguettes, tables et chaises, moulures, argenterie, cristal, parquet, portes en bois massif, sol en mosaïque, fers biseautés, banquette : tout a été choisi délibérément.
Mais en collant à une autre époque : la nôtre ! »

Pierre et Isabelle Dupuy Schoell

À la rubrique « Les grands restaurants bordelais », le paysage gourmand est dessiné : « Ils offrent, entre autres, ce rare et précieux avantage de tenir, comme on dit, dans un mouchoir de poche et d'être groupés autour des allées de Tourny, à cent pas du Marché des Grands Hommes et du quartier des grands hôtels. [...] Il faut cinq minutes à peine pour aller du *Chapon fin* au *Chapeau Rouge* (ces deux pôles de la splendeur culinaire) en passant par *le Glacier*, *l'Hôtel de Bayonne* et *la Régence*. » Une aubaine pour *Dubern* !

On notera en passant que, hormis *le Chapon Fin*, *Dubern* est le seul de ces restaurants qui existe toujours !

Suit le restaurant du *Chapeau Rouge* : « Un des plus nobles paradis de la gueule qu'il nous ait encore été donné de rencontrer. » Le déjeuner est pantagruélique, dans le ton de l'époque : huîtres de Marennes aux saucisses, crevettes, matelote d'anguille au vin rouge et aux poireaux, entrecôte bordelaise, ortolans rôtis, fromages et mousse au chocolat. Le tout arrosé de château Yquem (1916), de château Léoville (1904) et de château Palmer (1878).

Puis l'*Hôtel de Bayonne* (« Un dîner de premier ordre. Cette vieille et célèbre maison [...] continue à mériter sa grande réputation » ; des cèpes comme de « véritables beefstacks [sic] qui nous firent comprendre que, sous cette forme presque carnée, nous aimions les légumes ») ;

Vins de Bordeaux et du Pays basque, corbeilles à pain, en attente du service.

« L'entresol servait à l'origine d'entrepôt de marchandises.
Il fut ensuite conçu comme une mezzanine
où chacun pouvait voir, en entrant, les clients attablés.
Lors de travaux ultérieurs, le sol a été prolongé
jusqu'au mur de façade. Dans une même exigence de clarté et
de simplicité familiale, nous avons choisi de maintenir une continuité
avec la salle du rez-de-chaussée. La hauteur relative du plafond
est compensée par une subtile distribution de la lumière.
L'entresol est ainsi une pièce à part entière.
Boiseries, appliques, moquette chaleureuse au sol :
l'ambiance y est volontairement intimiste. »

Pierre et Isabelle Dupuy Schoell

le *Jane Madeleine* (« Atmosphère cordiale, tout à fait propice à la gastronomie », deux andouillettes « à s'en pourlécher les babines ») ; le *Majestic* (« Le menu fut parfait… si parfait même, que nous avons demandé à M. Delhomme, l'aimable directeur, de nous communiquer, sous le sceau du secret, la recette du bœuf braisé et des bécasses ») ; le *Château Trompette, La Régence, Hipolitte* (« Cette cuisine bourgeoise que nous défendrons jusqu'au tombeau ») ; le *Café Glacier* (« Nous n'hésitons pas à classer la dodine de Raoul parmi les meilleures que nous ayons mangées. »), etc.

Dubern n'est mentionné que dans les trois derniers « où, pour huit francs, vous ferez un très bon repas et où la poissonnerie, et les huîtres sont de première fraîcheur ». Ouf ! La renommée de *Dubern* a commencé, mais est à l'évidence à construire. C'est pour bientôt.

En 1934, il fait en tout cas la joie (gustative) d'un adolescent : François Mitterrand, né en 1916, alors élève à Angoulême. « En récompense d'un bon livret scolaire, il [Joseph Mitterrand, le père] invitait ses enfants à déjeuner chez Duberne [sic], allée [sic] de Tourny à Bordeaux, le trois-étoiles de l'époque, dont on admirait les boiseries anciennes. Cinquante ans plus tard, l'actuel président n'omet jamais d'y faire pèlerinage et d'évoquer les repas d'antan comme des festins merveilleux[2]. »

La salle de l'entresol.
Préparation du service.

La fondation François Mitterrand n'a pas trouvé trace de ces repas « paternels » dans les écrits de l'ancien président. Mais on sait que, dans les années 1950 – et même plus tard –, jeune ministre, il ne manquait pas de passer chez Dubern lors de ses escales à Bordeaux, sur le chemin de sa maison des Landes. On le savait amateur d'ortolans, qu'il a dû sans doute savourer là à leur juste valeur...

Ci-contre :
Les allées de Tourny, dans les années 1930, les fontaines, la statue de Gambetta..., et, à droite de l'image, l'"enseigne Dubern, au 42 depuis 1905.

V. La guerre, l'Occupation, la mort de Paul Dubern

Nous sommes en mai 1940. La « guerre éclair » des Allemands pousse sur les routes une masse considérable de réfugiés. Beaucoup se dirigent vers Bordeaux, dont le port se remplit de bateaux. C'est la débâcle. Le gouvernement et les parlementaires quittent Paris. Après 1870-1871, 1914, la capitale de l'Aquitaine est pour la troisième fois celle de la France.

En juin, la cohue est indescriptible. Les ministères s'installent où ils peuvent, les députés dans une école, les sénateurs dans un cinéma, *le Capitole*, rue Judaïque. Les chambres des 450 hôtels de la ville sont réquisitionnées. Paul Reynaud, chef (pour l'instant) du gouvernement, et son cabinet sont au *Splendid*. Cet hôtel, dont le hall bruit d'une assistance nombreuse, *le Grand Café* face au Grand Théâtre, et le *Chapon Fin* deviennent alors les points de rencontre du monde politique. Charles de Gaulle, lui, est au *Majestic*, rue de Condé.

Le 17 juin 1940, il s'envole pour Londres. Trois jours plus tard, Bordeaux est bombardée. L'Occupation va commencer.

L'épicentre des événements de juin 1940 se situe donc autour des allées de Tourny ! Marcel William Fodor[3], correspondant international, a vécu la débâcle, et a suivi les réfugiés jusqu'à Bordeaux. Le journaliste décrit le *Chapon Fin*, aux prix bien supérieurs à tous les autres restaurants, mais qui fournit pour l'occasion, à un prix abordable, un excellent repas avec une bonne bouteille de vin. La nourriture est loin de manquer, mais il suffit d'arriver un peu en retard au déjeuner ou au dîner pour attendre des heures avant d'obtenir une table.

Il y a aussi *Dubern* dont, c'est un signe de notoriété, les prix ont augmenté : « Au milieu du mois, quand Paris est occupé par les troupes allemandes, la situation alimentaire est encore très favorable à Bordeaux. Au fameux restaurant du vieux Monsieur Dubern, sur les allées de Tourny, nous avons pris un magnifique dîner pour vingt-huit francs consistant en hors-d'œuvre, soupe, poisson, viande, légumes, salade, fromage, et dessert, et pour six franc, nous avons bu une des exquises bouteilles de vin de château produit par la Maison Dubern. Il y avait une pénurie de sucre et de bœuf, mais il y avait finalement assez de sucre pour adoucir un café ou en mettre dans un dessert. Et

j'ai vu un réfugié belge très en colère contre le serveur incapable de lui fournir du sucre pour ses délicieuses fraises, servies avec de la crème fouettée. »

Dans *La Place de l'Étoile*[4], Patrick Modiano fait déjeuner son héros, Raphaël Schlemilovitch, chez *Dubern* : « Quinze jours après mon départ du lycée, je dépensais mes derniers billets de banque au restaurant Dubern quand un homme prit place à une table voisine de la mienne... »

En attendant, c'est en 1942, après une vie bien remplie, que Paul Dubern meurt, laissant à sa femme et à ses deux fils les rênes d'un bel établissement.

Notes

1. Max Baumann, Bordeaux Métamorphoses, *Équinoxe, 1996.*
2. Catherine Nay, Le Noir et le Rouge, *Grasset, 1984.*
3. George Allen, The Revolution is on, *Londres, 1941, p. 55.*
4. Gallimard, 1968.

La succession : Robert et Jean-Jacques Dubern

1943-1972

« Nous n'avons pas touché à l'escalier, cet élément central du restaurant. À l'élaboration des projets, il a été un moment question d'installer un ascenseur. Nous sommes heureux que cela ne soit resté qu'à l'état de projet. Tout est prévu en matière de sécurité et d'accès pour tout le monde. »

Pierre et Isabelle Dupuy Schoell

I. L'HÉRITAGE

Nous savons tous qu'un héritage est une sacrée affaire. Il y a l'aspect matériel, mais aussi l'esprit.

Après la mort de Paul Dubern en 1942, l'épicerie et le restaurant, déjà renommés, sont repris par son épouse Renée, et leurs deux fils, Robert et Jean-Jacques. Les commentaires du *Michelin* montrent que l'adresse passe à la vitesse supérieure dans l'immédiat après-guerre : « Tous les jours, à midi et à sept heures moins le quart, voilà Jean-Jacques (ou Robert) en faction à la porte. L'œil professionnel évalue le client. Coup de sonnette destiné au frère posté sur le palier. Le client sera dirigé vers les salles un ou deux en façade. Trois coups pour le suivant : le bonhomme n'aura droit qu'à la salle trois, sur l'arrière[1]. »

Capturé, engraissé, l'ortolan est par exemple à la carte du restaurant. Parmi quelques recettes, Alcide Bontou donne celle-ci, traditionnelle : « Beurrez de petites caissettes de papier. Placez chaque ortolan dans une caisse, salez-le ; mettez dessus une tranche de citron. Faites cuire au four ; dix à douze minutes de cuisson suffisent. Dressez et servez. » Le petit oiseau livre ainsi sa graisse. Il doit être mangé dès la sortie de cuisson, certains amateurs n'en faisant qu'une bouchée ! L'ortolan, au-delà de son goût sublime, selon les amateurs, fait aussi partie de la mythologie des chasses du Sud-Ouest, en particulier des Landes. Chasses auxquelles d'ailleurs *Dubern* consacre souvent ses célèbres vitrines, magnifiques et plusieurs fois récompensées par des prix, contribuant aussi à sa réputation jusqu'à la fin des années 1970.

À l'intérieur de l'épicerie, il y a un décor de rocailles éclairé par la lumière filtrée des vitraux, l'eau douce coulant de vasque en vasque. C'est ici que nagent les écrevisses. Les témoins se souviennent aussi des produits de saison. Et même d'animaux vivants (écureuils, cailles, singes…) !!! L'imagination étant fertile, on raconte la présence de sangliers et d'un ours... En 1947, *Alauda*, revue internationale d'ornithologie, donne une idée de ces vitrines remarquables en période de chasse : « Vers la même date [25 décembre 1946], mon ami, le Dr Nancel Penard, me signale qu'un cygne sauvage était exposé à la vitrine du restaurant Dubern, allées de Tourny, à Bordeaux. Il avait certainement été tué dans la région. »

Maud Linder, fille de Max Linder, connaît cette période. Elle raconte dans ses souvenirs qu'elle rend visite à sa grand-mère, à l'improviste : « Il allait être l'heure de déjeuner. Sans réfléchir, je m'entendis l'inviter. Elle accepta sans se faire prier [...]. Elle avait choisi son restaurant, le *Dubern*, sur les allées de Tourny. D'un commun accord, nous optâmes pour un menu typiquement bordelais : tout d'abord, quelques huîtres d'Arcachon accompagnées de petites saucisses

L'escalier qui mène aux salons gastronomiques constitue la colonne vertébrale du restaurant. Nous avons mis en valeur la rambarde de style Art déco en installant un lustre en pâte de verre fabriqué sur mesure.

grillées, suivies d'une bonne lamproie aux poireaux cuits dans le vin rouge. Elle avait demandé un sauternes, le vin blanc sucré et fruité qu'elle préférait[2]. »

Robert et Jean-Jacques Dubern acquièrent suffisamment de notoriété pour devenir des références en matière de gastronomie ! En même temps, une page se tourne… celle du père, et celle des « concurrents ».

En voici un exemple, dont on appréciera le message. En mars 1950, dans *Sud Ouest*, jeune quotidien, Roger Achéritéguy titre son article : « Demain, au "Repas du siècle" [du salon des Arts ménagers de Paris], l'ambassadeur (des USA) et les frères Dubern (de Bordeaux) mettront la Régie des tabacs hors la loi. »

« Du 25 février au 18 mars, toutes les provinces françaises ont mis les petits plats dans les grands [...] Pignarre (directeur du restaurant de la tour Eiffel et cheville ouvrière de ce tournoi de la-fine-gueule), a pressenti deux Bordelais pour ce gala hors série. Les frères Dubern succèdent donc à Bézia – du *Château-Trompette* –, leur voisin d'en face qui, depuis six ans, assumait cette tâche pleine de périls. Partie des Quinconces, la gloire a traversé les allées de Tourny et a changé de trottoir. C'est donc *Dubern* qui a conçu, élaboré et exécuté le menu.[...]

Le 13 mars, les 275 heureux élus du repas dégustent donc des huîtres plates d'Arcachon avec la saucisse grillée ainsi qu'on les sert à Bordeaux, le saumon de l'Adour cuit au vin de Barsac, le bas-rond de Pauillac qu'on rôtit à la broche, garni de champignons de Tauriac-le-Moron, la bécasse au foie gras flambée à l'armagnac, le fromage de chez nous… et les autres, notre parfait glacé aux liqueurs bordelaises flanqué de macarons. Côté vins, c'est un régal aussi. Vingt-et-un cuisiniers sont à l'œuvre, "sous les yeux du public", pilotés par le chef du *Dubern*, en constante liaison avec les deux frères… restés à Bordeaux !

C'est là que j'ai pris contact avec les frères Dubern. [...] Sur leurs lèvres, tout devient onctueux, racé, enivrant. Quand ils disent "foie gras", ils parlent de la "longueur" de son goût ; "Armagnac" a, dans leur bouche, un volume et des vibrations inattendus ; "bécasses rôties", "fumées", "croûtons", font lever un monde de sensations précieuses… Ce sont ces artistes qui représentent une région où il y a déjà des Oliver, des Bézia, des Biscouby, des *Chapon Fin*, des *Château-Trompette* et des *Chapeau-Rouge*. [...]

Pour finir, on a réuni les augures qui ont décidé de mettre la Régie des tabacs hors-la-loi (au moins jusqu'au café).

Les responsables ont alors respiré. À la pensée, ont déclaré les frères Dubern, que la bécasse flambée au foie gras pourrait être sacrifiée aux Gitanes [brunes à la fumée puissante], nous éprouvions un véritable crève-cœur. Voilà qui nous ôte un poids de l'estomac. »

Si l'on se souvient qu'à cette époque, et pour un moment, tout le monde, ou presque, fume quasiment partout, la sentence des Dubern montre encore le soin qu'ils apportent à la gastronomie.

Jean-Jacques et Robert Dubern dans le salon de leur restaurant.

II. L'exercice du triomphe

Deux décennies prestigieuses : *Dubern*, étoilé, est fréquenté par des artistes, des politiques comme Pierre Mendès-France et François Mitterrand. « Tous les acteurs et chanteurs en tournée : Fernandel, Darry Cowl, la jeune Sylvie Vartan. Le roi Hassan II y avait invité ses professeurs de droit pour fêter son doctorat. Le fils du Glaoui en avait fait autant, dans un salon particulier où il était arrivé en tenue d'apparat marocaine. Sur le livre d'or, il avait superbement calligraphié en arabe, un compliment à l'adresse du restaurateur[3]. » Livres d'or ? Ils sont conservés quelque part… Peu importe, cette période exceptionnelle ne manque pas d'histoires, la grande comme les petites, qui en font souvent le sel et lui donnent ses goûts.

Dubern devient ainsi un rendez-vous quasiment incontournable de Bordeaux. Mais il reste à la portée de porte-monnaie plus ou moins fournis : « En cette période, les associations de commerçants organisaient des expositions sur un thème donné. En 1956, celle ayant pour sujet "Cent idées de cadeaux" eut un succès immense dû, en grande partie, au talent de l'orateur Edmond Deler qui était alors l'auteur de bien des réalisations éphémères, notamment des stands de la Foire de Bordeaux et de nombreux travaux publicitaires. Ces expositions étaient visitées par une foule de badauds et d'acheteurs qui appréciaient autant les artistes présentés que la façon somptueuse avec laquelle ils avaient été mis en valeur. Traditionnellement, à l'issue de chacune d'entre elles, les membres des associations et ceux qui avaient œuvré pour sa réussite se retrouvaient autour d'une bonne table, généralement chez *Dubern*, allées de Tourny[4]. »

En 1957, juste avant Noël, la vitrine de Dubern est primée à l'occasion d'un concours de corbeilles de fruits.

LE CONCOURS DES FRUITS DE «SUD-OUEST»

Trois mille prix — Vingt-deux millions

LE Concours des Fruits « passionne les masses », c'est indubitable. Tout a été mis en œuvre pour faire de cette nouvelle initiative de « Sud-Ouest » et de « Sud-Ouest Dimanche » une grande entreprise qui ne laisserait personne indifférent.

Un bi-millionnaire, un millionnaire, des automobiles, un motoculteur, des mobiliers, des postes de télévision, etc..., pour un total de 22 millions auxquels s'ajoutent 15 scooters Peugeot tirés au sort (un par département), un voyage et un séjour d'une semaine au Portugal, etc...

Le cinéma a été mis à contribution, les murs éclatent sous les chaudes teintes des affiches somptueuses de Draeger; d'autres concours nous ont été acquis. Cinq cents commerçants en fruits et primeurs du Sud-Ouest ont, à l'occasion du concours, réalisé des présentations, des étalages de haute qualité, alors que Mme Dubern et ses fils présentaient, à notre bureau de voyages, des « expositions » de fruits dans lesquelles art et goût raffiné marchaient de pair.

A tous ceux-là qui, sans marchander, nous ont apporté leur concours, nous disons un très chaleureux, très cordial merci.

Nous commençons aujourd'hui la présentation par l'image des belles vitrines du Concours des Fruits. Ralliez-vous à elle : le panonceau du concours et la splendeur de leurs étalages vous les désigneront tout de suite.

D'autres fois, ce sont des notables, des élus qui jettent leur dévolu sur la cuisine « dubernoise » afin de satisfaire appétit et gourmandise, et de célébrer tel ou tel événement. Par exemple, des maires de Gironde et départements limitrophes, le préfet Lahillonne, le président du conseil général de Gironde, M. Brun, divers responsables et autres édiles se retrouvent chez *Dubern* après une séance de travail, intense n'en doutons pas. Le thème : « Constitution d'un groupement pour l'application du statut du personnel communal[5]. »

En 1955, un couple d'anciens journalistes du *Times Magazine*, fait un séjour plus qu'émouvant à Bordeaux… Lael Tucker Wertenbaker, depuis Berlin, écrit des reportages sur Hitler et le parti nazi en 1940 et 1941. Son mari Charles, était chef du service étranger du journal. Mariés en 1942, ils ont été correspondants à Paris et sont ensuite restés en France.

Dans *Death of a man*, paru en 1957, Lael Tucker Wertenbaker relate, au fil des jours et des mois, la fin choisie par son époux, atteint du cancer. Ils vont donc voyager, en profiter : « ... Bordeaux, où le

« Une fois l'escalier majestueux gravi, une alcôve, meublée d'une ancienne vitrine à alcool en bronze, offre aux clients un coin de détente, d'attente. Le décor bois : une toile tendue peinte en trompe l'œil. »

Pierre et Isabelle Dupuy Schoell

train s'est arrêté pendant quinze minutes, était une de nos villes gastronomiques préférées, et le *Dubern* un restaurant favori. Bordeaux n'est plus classée parmi les villes de gourmets, mais le maître d'hôtel du *Dubern* a veillé à ce que nous ayons les plats en rapport avec les grandes bouteilles de bordeaux rouge restées si longtemps intactes dans leurs caves et qui pourraient être bues ici plus que partout ailleurs. »

Place maintenant aux vitrines qui, plusieurs fois primées, et à toutes les saisons, font aussi la gloire de Dubern. En 1957, par exemple, c'est l'hiver, la veille de Noël. Pourtant, les Dubern participent à un concours de corbeilles de fruits. Dans la chronique *Échos* de la ville, « la réalité dépasse la fiction » :

« On sait avec quel art et quel goût Mme Dubern, ses fils et ses belles-filles, présentent dans la vitrine de notre bureau des voyages, place de la Comédie, les beaux fruits de notre concours. Tous les deux jours ce sont des corbeilles nouvelles, des présentations inédites qui sont proposées aux "promeneurs de la rue".

Les couleurs éclatent, frappent l'attention, retiennent le regard : enchantement des yeux, harmonie des couleurs. Et ce sont des fruits somptueux dans leur chair et dans leur cadre qui incitent, propagande par l'objet, à faire notre concours [...].

Quel ne fut donc pas l'étonnement de Mme Dubern de s'entendre, voici peu, interrogée par un client : "Madame, votre exposition est une splendeur. Pourriez-vous me dire où l'on peut se procurer ces fruits… postiches ? J'en voudrais acheter pour garnir l'arbre de Noël de mes enfants"[6]. »

Dubern sait aussi voyager, jouer le rôle d'ambassadeur de la cuisine bordelaise. À Aix-en-Provence, pour les Semaines gastronomiques organisées en mars 1957, hommage est rendu au restaurant bordelais. Jean-Jacques Dubern concocte plusieurs menus. Les chanceux savourent caviar de Bordeaux, huîtres de Marennes, terrine de lièvre truffée, saumon de l'Adour braisé au vin de Graves, feuilleté de truffes fraîches, suprême de volaille Dubern, bécasse au foie gras, entrecôte bordelaise, baron d'agneau de Pauillac aux primeurs, macarons de Saint-Émilion. Et la difficile autant que sublime lamproie à la bordelaise.

Au dîner de gala, en avril, c'est un autre festival gastronomique. Jean-Jacques Dubern, aidé de son chef, M. Dirkés, régale quatre-vingts invités, notamment avec des paupiettes de sole Dubern. *Sud Ouest* célèbre l'homme et son héritage :

« De l'avis unanime, ce dîner de gala fut le plus parfaitement ordonnancé, le plus racé, de tous ceux qui avaient été servis. Bordeaux, sa cuisine et ses vins ont donc été parfaitement représentés et défendus.

Interviewé au micro de la RTF, le chef bordelais déclara qu'il maintenait avant tout les traditions de la maison fondée par son père. L'on

L'alcôve, à l'étage des salons.

apprécia – après les mets et les crus – la délicatesse de sentiments de cet homme de 55 ans pour qui le chef de famille est toujours resté : "Papa". Et cette volonté de rester fidèle au passé et de le vénérer fut l'un des traits qui frappèrent le plus l'assistance.

Jean-Jacques Dubern a bien mérité de Bordeaux ».

Dans les années 1960, les allées de Tourny vont changer de visage. Les fameuses fontaines sont démontées : l'une part à Soulac-sur-Mer, l'autre, achetée d'abord par un privé, finira, restaurée et célébrée, à Québec, où elle se trouve toujours. La statue de Gambetta, enlevée en 1961, est conservée au musée d'Aquitaine.

Chez *Dubern*, la tradition est toujours chouchoutée, préservée. Il y a d'ailleurs les rendez-vous réguliers, les habitués, les fidèles. Comme le Cercle Bordelais des amis de la revue *Cuisine et vins de France*, créé dans ce « temple gastronomique », et qui s'y réunit chaque année.

Le 17 mars 1960, pour la troisième édition, le menu fait saliver : feuilleté de jambon de Prague aux truffes fraîches, langouste à la Newburg et riz pilaf, palombe à la landaise, au cœur d'une véritable culture régionale toujours très active.

Le chef d'alors, Robert Dibar, est aux commandes. Un personnage clé, chargé d'ailleurs de préparer le repas officiel de Nikita Khrouchtchev, dirigeant de l'Union soviétique, en visite à Bordeaux neuf jours plus tard. Belle consécration !

Consécration, et fidélité à la tradition. Fidélité que salue le magazine très kitch, *Bonnes Soirées*, le 15 mai 1960, avec une rubrique cuisine assurée par le couple mythique de la télévision française : Catherine Langeais et le grand chef Raymond Oliver ! Claude Fournier présente ensuite les chefs renommés et « tous les secrets qui ont fait de la cuisine française la première du monde ». Voici Dubern et sa célèbre bécasse :

« Tandis que Robert Dibar préside aux fourneaux du restaurant *Dubern* à Bordeaux, une vieille dame de 80 ans [Mme Dubern mère] maintient le sceptre des traditions culinaires. [...]

C'est M. Jean-Jacques Dubern qui nous présente (avec amour) "la bécasse, ainsi que la faisait mon père" (voir ci-contre). »

En décembre 1961, tout le monde parle de Marie Besnard, dont le troisième procès se déroule à Bordeaux. Parmi les avocats s'illustre Jacqueline Favreau-Colombier qui écrira : « Le lendemain, Marie reçoit à la fois un colis de fruits en provenance du meilleur fruitier de Bordeaux, *Dubern*, et un mandat de 25 000 francs. Le tout envoyé par des inconnus généreux[7]. » Oui, l'épicerie tourne toujours à plein, de même que le restaurant. Ce dont témoigne Georges Walter, venu couvrir le procès pour RTL. Mais avec une conséquence vraiment très étonnante... : « Que reste-t-il du procès Marie Besnard ? [...]

La bécasse,
ainsi que la faisait mon père...

« Il faut attendre une bécasse plusieurs jours. D'abord parce que l'attente stimule le désir, mais surtout parce que le faisandage conduit à faible température et en de bonnes conditions, provoque une telle évolution de goût de la pièce attendue qu'il ne saurait y avoir, sans cette précaution, aucun résultat comparable. Gardons la bête au frais.

Avec la pointe d'une aiguille à brider, extirpez le gésier qui sortira au-dessus de la hanche. Bridez avec le bec dans la blessure et rôtissez sous une barde de lard. Retirez quand la poitrine, piquée, donne une goutte rose.

Déballez la bécasse, découpez en quatre en réservant la carcasse intégrale. Dégraissez le jus. Flambez les morceaux avec du cognac de qualité. Réduisez un peu le jus. Ajoutez 100 gr de foie gras au naturel passé au tamis. Plusieurs tours de moulin de poivre blanc, une râpure de muscade. Détendez la sauce avec une noix de beurre, hors feu. Roulez les morceaux dans la sauce qui ne doit plus bouillir. Servez sur croûtons avec du cresson seul. N'ajoutez aucune garniture : elle distrairait l'attention.

Ouvrez la carcasse et retirez-en le précieux contenu. Ajoutez un peu (très peu) du lard de la barde et la pellicule des filets demeurés attachés au sternum, 20 gr de foie gras passé, une demi-noisette de beurre, une râpure de muscade. Poivrez hautement. Pétrissez le tout. Tartinez-en les croûtons frits. Passez-les un instant au feu pour achever la cuisson. Flambez sur un plat avec du cognac de qualité. Celui-ci éteint, ajoutez une noix de beurre et laissez le plat sur la lampe jusqu'à résorption du jus. Arrosez. Le point de cuisson est atteint quand les croûtons sont devenus rigides.

Nous avons, au cours d'une carrière déjà longue, accommodé un grand nombre de bécasses, et la joie toujours nouvelle que nous procure leur préparation nous a doucement inspiré l'idée touchante et ridicule d'avoir, pour une part bien modeste, contribué à la consolation de nos contemporains. »

Jean-Jacques Dubern

GLORIFIANT LE TRAVAIL DES « CHEFS »

Le Cercle Bordelais des amis de « Cuisine et Vins de France »

a brillamment célébré son troisième anniversaire

« CE ne sont pas des bombardiers qu'il faut s'envoient, mais des cuisiniers ! » dit le procureur-syndic Daniel Querre.

Cela se passait lors du troisième anniversaire du Cercle bordelais des amis de « Cuisine et Vins de France », célébré, le 17 mars, au sein même du « temple gastronomique » où avait été fêtée sa naissance : le restaurant Dubern.

Ce dernier n. faillit pas à sa réputation, pour présenter notamment le feuilleté de jambon de Prague aux truffes fraîches (dont Paris raffole, dit Mme Morteau, qui commentait le plat); la langouste à la Newburg, garnie de riz Pilaff (dont Mme Costantini dit qu'il existait plusieurs

17 mars 1960 : Sud Ouest *rend compte de l'anniversaire du Cercle Bordelais des amis de* Cuisine et Vins de France *qui se réunit chez* Dubern *depuis sa création.*

Il reste le souvenir, entre autres, des deux morts qu'il aura faites, l'une par passion, l'autre par indigestion. Me Albert Gautrat, l'avocat principal de Marie, ne survécut que quelques jours au procès, et l'on ne s'en étonnera guère, tant il s'était donné tout entier à sa cause. » Le second cas est celui de Jean Bernard-Derosne, « distingué chroniqueur de *l'Aurore* » : « Toujours mince malgré son appétit, il présentait à peine des joues légèrement couperosées par les bons crus. [...] Le président le voyait dormir jusqu'à seize heures mais faisait semblant de ne pas le voir, c'était un journaliste respecté. Un personnage de sa classe ne pouvait manger ailleurs que chez *Dubern*, le restaurant le meilleur mais aussi le plus chic de Bordeaux. L'on entrait au rez-de-chaussée par une charcuterie gargantuesque aux murs délicatement ornés de mosaïque. Le restaurant, au premier étage, ressemblait à une grande salle à manger bourgeoise répartie en petites tables couvertes de nappes blanches. [...] Il allait de soi qu'un Bernard-Derosne ne soupait pas d'une infusion. En outre, on savait chez *Dubern* quels vins il buvait, la bouteille était toujours prête sur la table, et il en consommait une entière par repas, pas davantage. [...] Il déjeuna et soupa dans le même restaurant pendant les vingt-trois jours du procès. Or, nul ne peut survivre à quarante-six repas consécutifs de l'exquise cuisine de *Dubern*. Le savait-il ? Il savoura jusqu'au bout la justice et la gastronomie qu'il avait toujours pratiquées ensemble avec un égal bonheur[8]. »

Édifiant, non ? La carte « dubernesque » n'est évidemment pour rien dans cette fin plutôt hors normes. Mais ce journaliste a dû y passer des moments formidables.

Qu'en est-il de la concurrence ? Si *Dubern* sait durer, les années 1960 sont fatales à d'autres confrères des Allées. Et puis la jeunesse commence à bouleverser les repères, le conservatisme. Membre du syndicat de l'hôtellerie, *Dubern* sert ainsi de cadre à un dîner-débat, entre professionnels et journalistes. *Sud Ouest*[9] en publie le compte-rendu, avec un titre évocateur : « Notre hôtellerie a-t-elle la nostalgie du temps de la reine Victoria ? » Pas de doute, la restauration est un « problème important qui fait surface sans arrêt et qui occupe encore une place particulière à Bordeaux, malgré la disparition de certains grands noms de jadis » :

« M. Dubern nous a servi des choses véritablement exquises, le long de ces allées de Tourny qui ont constitué le "boulevard du Crépuscule" de plusieurs établissements renommés.

Il faudrait des décors plus riants, des ambiances où l'on se sentirait comme chez soi, et une adaptation, indispensable, aux "trois catégories de consommateurs".

Il y a ceux qui choisissent le menu gastronomique. Cette catégorie de clients – hommes d'affaires surtout – est une clientèle fidèle,

« Dans le salon Gibiers, les peintures sont l'œuvre de Michel Brosseau, qui a également réalisé des décors peints et des trompe-l'œil pour plusieurs châteaux prestigieux du Bordelais. »

Pierre et Isabelle Dupuy Schoell

venant toute l'année. Sa fréquentation des établissements est d'ailleurs liée à la prospérité de la région et c'est une grande consommation de vins du Bordelais. Il y a la clientèle journalière, dont le pourcentage de fréquentation, en baisse, provient, dit-on, du développement des cantines d'entreprises. Il y a enfin les touristes, ces gens qui passent en coup de vent.

Voici ce qu'attendent les clients. Pour le client voyageur, travailleur, employé, automobiliste : un repas rapidement servi, des mets faciles à digérer, de la viande tendre, du poisson frais, un prix facile à calculer, un cadre simple et agréable, une place, exiguë certes, mais suffisante.

Pour le touriste et sa famille : un accueil plaisant, un cadre fleuri, un aperçu valable de la cuisine régionale, un bon vin du pays, une note en rapport avec son budget, pouvoir emporter un bon souvenir de la région où il se trouve.

Alors pourquoi pas des salles de restaurant plus soignées, différentes pour ces trois catégories (les uns mangeant rapidement, les autres désirant s'isoler) ? »

En 1964, Dubern passe de une à deux étoiles (table excellente, mérite un détour) avec ses écrevisses bordelaises, son suprême de poularde Dubern et sa bécasse au foie gras.

La joie, mais aussi la peine : madame Dubern mère, que l'annuaire recense sous le qualificatif de « Veuve Paul Dubern », disparaît !

III. Une institution

Tout le monde vous le dira : les visiteurs étrangers constituent une part essentielle de la clientèle des restaurants. De fait, en cette fin des années 1960, l'aura internationale s'amplifie et confirme que *Dubern* est désormais plus qu'une épicerie fine et un restaurant. C'est une institution.

« Il y a plusieurs boutiques fascinantes le long de la promenade bordée d'arbres connue sous le nom d'allées de Tourny, mais aucune d'entre elles n'a l'attrait du commerce alimentaire et du restaurant au numéro 42, tenus pendant des décennies par la famille Dubern. Dans notre jeunesse nous avons appuyé notre nez boudiné contre un grand nombre de vitrines de pâtisserie, mais nous n'avons jamais vu une telle galerie artistique de splendeurs épicuriennes. La vitrine immense est un panorama champêtre de produits délectables...[10] »

« Il y a trois ou quatre restaurants de réputation internationale dans la ville [Bordeaux], le meilleur de tous étant actuellement *Dubern*, mais la bonne nourriture est logiquement accompagnée de vin et la question y a été parfaitement comprise. Si vous n'aimez pas le vin, pourquoi devriez-vous visiter Bordeaux ? Et si vous manifestez cet

Le salon Gibiers.

intérêt de manière à la fois raisonnable et appropriée, alors vous êtes les bienvenus en tant que Frère, et, bien sûr, un client potentiel.

J'ai goûté dans le restaurant *Dubern*, un château La Tour de Mons de 47, répertorié comme "bourgeois", qui a dépassé largement la plupart de ses rivaux plus chers[11]. »

« Bordeaux elle-même mérite du temps. Pour moi, elle est incarnée par le restaurant du deuxième étage, *Dubern*, avec son linge de table impeccable et son argenterie éclairée par les lumières aux nuances roses. Il a naturellement évolué à partir d'une épicerie voluptueuse au rez-de-chaussée[12]. »

« Il y a quelques années, lorsque nous avons mangé au fameux restaurant *Dubern*, à Bordeaux, nous avons demandé la recette. Le propriétaire a remarqué alors que le serveur nous donnait une brochure touristique dans laquelle figurait la recette de son père des "écrevisses à la bordelaise"[13]. »

À voir le visage de Robert Dubern sur les photographies avec son air tranquille, on songe à celui d'un notable. D'ailleurs, les deux frères sont parfois consultés, pour donner un avis. Sur les allées de Tourny, que Stendhal qualifiait de « plus belle place de France », veille depuis 1966 l'Association de restauration et d'achèvement des immeubles à classer. Le but : rénover, embellir. Parmi les personnalités interrogées, Robert Dubern[14]. Son « son de cloche »… a une résonnance particulière.

Dès l'abord, Robert Dubern s'exprime sans ambages : « Je n'approuve pas les travaux, car ils entraîneraient une gêne qui scléroserait nos commerces. Ainsi, par exemple, la réalisation d'un parking nécessiterait des barrages de rues.

Pour moi, ce qui a été fait n'est pas si mal. Mais je suis partisan de fontaines et de jets d'eau (plus abondants que ceux qui existent à présent), comme à Aix-en-Provence… et qui seraient d'un plus heureux effet esthétique que les bassins actuels. Mais je dois dire que l'ensemble a meilleure allure – surtout à la belle saison – depuis que l'éclairage nocturne a été amélioré.

Ce qui me paraît, en revanche, très utile, c'est la réduction, du côté pair des allées, de la largeur des trottoirs. Elle permettrait d'élargir la chaussée avec une voie supplémentaire et de surcroît, grâce à elle, les passants circuleraient plus près des vitrines et regarderaient davantage les étalages... »

IV. Souvenirs d'anciens de chez Dubern

Toute institution veille aussi, encore et toujours, à former, enseigner, transmettre des savoir-faire et des compétences nourris par la passion d'un métier. Nombreux sont ceux qui en ont bénéficié chez *Dubern*.

Éternelles écrevisses
« Les écrevisses dans les viviers venaient de Pologne et de Tchécoslovaquie. Elles étaient réputées. Jean-Jacques Dubern avait inscrit à sa carte les écrevisses à la bordelaise, le buisson d'écrevisses marinées dans des épices, le filet de sole Dubern avec… des écrevisses... »

Annie Larraneta,
« À la table des grands », Sud Ouest

En pages suivantes :

« Qu'ils soient en cristal ou en pâte de verre, classiques ou contemporains, les luminaires constituent des éléments clefs de la mise en valeur des salons.
Dans les niches, deux énormes gouttes irriguent et alimentent un jardin miniature. »

Pierre et Isabelle Dupuy Schoell

Régis Jou de Las Borjas, qui a travaillé 37 ans au *Noailles*, autre adresse de référence des allées de Tourny, a pris sa retraite en 2012. À 16 ans à peine, il entre chez *Dubern*, d'où il partira fin 1971 : « C'était un nom, tout le monde venait, de partout. Il y avait l'épicerie en bas, la petite grotte avec les écrevisses au fond. Les frères Dubern étaient vraiment qualifiés. On apprenait à travailler le service, ce qui ne se fait plus. »

Gérard Lacôme entre en apprentissage en 1967, à quinze ans et demi, et y restera jusqu'en 1969 : « Quand j'étais enfant, je voulais déjà être cuisinier. C'est comme ça que je suis entré chez *Dubern*. Les frères étaient très unis, même s'ils se chamaillaient parfois. Ils habitaient dans l'immeuble, au-dessus du restaurant. C'était immense. "Monsieur Robert" s'occupait surtout de la comptabilité et des achats. Un acheteur incroyable et malin. Par exemple, il allait aux Capucins à cinq heures du matin, repérait les homards de très bonne qualité. Il revenait vers onze heures et faisait baisser le prix. Le poissonnier n'avait pas le choix s'il voulait écouler sa marchandise. "Monsieur Jacques", lui, se chargeait de la cuisine.

Le chef, Robert Dibar, est resté dix-huit ou dix-neuf ans. Il avait un vieux livre tenu avec des ficelles, dans lequel il cherchait ses recettes. Un livre qui devait dater du XVIIIe siècle, tout rafistolé. Je ne sais pas où il l'avait trouvé, mais c'était une mine d'or. Je me rappelle notamment d'un "chaud-froid de grives Lucullus" et de Robert Dibar disant : "Bien, on en a pour trois jours." En effet, il a fallu désosser les grives, les farcir de foie gras, les dresser, et j'en passe…

Jean-Jacques Dubern était sorti major de l'école de Grenoble. Il était très classe, parlait doucement. De les voir faire, travailler au guéridon, lui et Georges, l'autre maître d'hôtel, c'était tellement beau ! Il découpait le poulet de manière extraordinaire. Je l'ai vu s'occuper d'un canard tout en tenant en permanence une petite cuiller dans le petit doigt de la main droite. Ça tombait dans l'assiette, on se demandait comment. À la fin, il nappait les morceaux impeccables de sauce contenue dans la cuiller. Un spectacle phénoménal à regarder. Il faut dire qu'à l'époque, on avait droit à tous les gibiers. On nous livrait les bécasses dans des caisses remplies à ras bord. Elles étaient pressées les unes contre les autres. On les gardait dans un réfrigérateur/congélateur que Dubern possédait rue des Douves, aux Capucins. On les décongelait en fonction des commandes. Il y avait aussi le menu que Dubern faisait chaque année pour *Cuisine et vins de France*, un festin. Et les caves qui s'étendaient d'un côté jusqu'au marchand de photos, Panajou, et au-delà, de l'autre sur l'arrière. Certaines avaient servi de refuge pendant la guerre. Elles contenaient des vins extraordinaires. Je me souviens d'avoir bu un porto qui devait avoir bien 120 ans !

L'épicerie était magnifique, et la seule du genre à Bordeaux. On y trouvait des conserves, tous les vins, des pêches en décembre, et des poires que je n'ai jamais revues, avec la queue enduite de cire.

Dans la vitrine, des plats étaient reconstitués, avec des vraies carcasses de homard et de langouste, changées régulièrement bien sûr. [...]

Dubern faisait travailler presque trente personnes, dont un chauffeur, les plongeurs, les lingères qui, installées dans un petit deux-pièces, tout en haut de l'immeuble, livraient tous les jours torchons, nappes, serviettes, tabliers impeccables.[...]

Oui, les Dubern étaient des patrons "à l'ancienne", exigeants mais profondément humains, respectueux. Tous les ans, ils offraient au personnel du haut-marbuzet, un "petit vin" qui montait à l'époque. [...]

Ah oui, il faut que je parle aussi d'Albert Schultheis, un Suisse qui venait une fois par semaine, pour remplacer le chef, le saucier ou le poissonnier. Il faisait des extras dans Bordeaux. Il avait 74 ans ! Mais il était d'une vivacité extraordinaire. Avant la première guerre, ses parents avaient "payé" son apprentissage dès 12 ans, oui payé. C'était comme ça à l'époque. [...] Il était très pédagogue. C'était un cuisinier hors pair. »

Même si elles étaient difficiles, on se prendrait presque à regretter ces formations à l'ancienne. En 1968, les frères Dubern, qui ont naturellement vu passer une foule de collaborateurs, affichent une bonne soixantaine de printemps. C'est le début d'une autre ! Ce qui n'empêche pas les frères de « s'occuper de plein de choses », dit Gérard Lacôme.

En 1969, le « tout voiture » a relégué depuis une décennie le tramway bordelais, si pratique, au rang d'antiquité. Et les embouteillages sont une véritable plaie. Pour y remédier, il y aura d'autres ponts, la rocade, des secteurs piétonniers et des... parkings. Les allées de Tourny ont beau être l'une des vitrines architecturales de Bordeaux, elles sont touchées. Robert Dubern montre encore son implication dans les affaires de la ville. Notons au passage sa lucidité :

« La suppression du stationnement serait catastrophique dans le centre pour les commerçants. Ainsi, par exemple, les automobilistes de passage qui ont avec eux leurs valises ne voudraient pas laisser leur auto trop loin et ils iraient ailleurs. J'ajouterai que depuis l'établissement d'un sens unique cours d'Alsace-et-Lorraine, le chiffre des affaires a beaucoup baissé. [...]

Pour ce qui est de la rue Sainte-Catherine, elle est particulière, car elle est très étroite, ce qui n'est pas le cas ni de l'Intendance ni des allées de Tourny ni du cours Georges-Clemenceau.

Nous avons la chance de posséder au cœur de la ville un parking très important. Il s'agirait donc de l'utiliser. Mais l'emplacement pour les Quinconces dont on parle depuis longtemps, serait aussi de la plus grande utilité. Dans ce domaine, hélas ! il n'y a pas de recette idéale, le parc automobile croissant tous les jours. Je dois dire que ces épineux problèmes ne me concernent pas directement : je ne prends pas ma voiture et je vais à pied[15]. »

En page 62 :
« Les trois salons classés du XVIIIe siècle dégagent une impression de plénitude.
Nous sommes partis de l'existant et avons enlevé tout ce qui avait pu dénaturer l'originalité et l'esprit du lieu, afin de lui redonner toutes ses lettres de noblesse, raffinement et élégance.
Le salon vert, ou Grand Salon, ornementé d'un luxueux lustre ancien, est digne des salles à manger des plus grandes demeures bordelaises.
Les cheminées ont été rénovées.
Ce salon communique avec le salon Gibiers, permettant la réception de repas de groupes, de séminaires, etc.
La couleur des boiseries, vert de gris, en place ces dernières trente années, a été volontairement conservée.
Des tentures précieuses ont été installées en harmonie avec la pièce.
Mobilier et objets décoratifs viennent ponctuer l'ensemble. »

Pierre et Isabelle Dupuy Schoell

En page 63 :
Ancien directeur du restaurant à l'hôtel Le Meurice, *Wilfried Morandini est aujourd'hui directeur d'exploitation de* Dubern.

Menu et vins d'un dîner du Cercle Bordelais des Cuisines et vins de France *chez* Dubern *à la fin des années 1960.*

FEUILLETÉ DE LANGOUSTE WASHINGTON

RIS DE VEAU PANNÉS

POINTES D'ASPERGES

PERDREAU SOUVAROFF

FROMAGES

COUPE GLACÉE ANTILLAISE

CAFÉ

MABORANGE

Liqueurs "Vieille Cure"

XÉRÈS PEDRO DOMECQ PRIMERO

Premières Côtes de Bordeaux

CHATEAU LA RONDE 1962

(M. VAN DEN BERCH)

Saint-Émilion

CHATEAU GRAND-MAYNE 1959

Premier Cru

(M. JEAN NONY)

Pomerol

CHATEAU TAILLEFER 1955

(A. MOUEIX)

CHAMPAGNE SOUVERAIN BRUT 1959

(HENRIOT)

IV. Un entretien avec les frères Dubern

Du côté gastronomique, et du monde de la restauration, les frères Dubern font aussi preuve de lucidité. Dans un entretien savoureux[16], ils livrent leur vision du métier, de son évolution :

« – Depuis votre implantation aux allées de Tourny, le nombre de restaurants s'est, je crois, considérablement amenuisé ?

– En effet, presque toutes les maisons ont fermé entre 1925 et 1940 : le *Glacier*, le *Café Anglais*, le *Rialto*, la *Taverne Gruber*, le *Paris*, le *Romano*, le *Madrid*, le *Commerce*, le *Gobineau*, les chocolats *Prévot*. Sur treize restaurants, il n'y a plus que le *Café de Bordeaux*, le *Noailles* (plus récemment créé) et nous.

– Pourquoi toutes ces disparitions ?

– Il y a plusieurs raisons : les difficultés sans cesse grandissantes du métier, la récession économique dans la région. Et puis aussi, la mort des grands courriers maritimes : le *Gallia*, le *Burdigala*, le *Lutétia*, qui débarquaient à chaque escale une foule de passagers.

– Parmi tous vos clients, vous gardez certainement le souvenir de figures plus attachantes que d'autres ?

– En effet, il nous arrive, par exemple, d'évoquer la mémoire de trois grands patrons bordelais : Simon Soulac, Roger Descas et Jacques Lemoîne [fondateur de *Sud Ouest*, mort l'année précédente], qui avait une prédilection pour les grands vins rouges, mais en petite quantité. Véritable gourmet, il appréciait surtout la qualité.

– Exception faite des repas dits d'affaires, les Bordelais vont-ils souvent au restaurant ?

– Hélas, rarement ! Ils sont un peu casaniers. Ils ont une bonne cave et ils restent chez eux. Le Lyonnais, au contraire, fait vivre ses restaurants. La grande bourgeoisie bordelaise a regretté la disparition [momentanée] du célèbre *Chapon Fin*, mais elle n'a rien fait pour assurer sa survie.

– La clientèle étrangère vous donne-t-elle satisfaction ?

– Oui. Notamment les Américains, qui sont très agréables. Il n'est pas rare qu'ils remercient après avoir réglé la note, s'ils sont satisfaits. Quant aux Allemands, ils sont très compétents en matière de vins. »

Mais ce n'est pas fini, et la conclusion est formidable !

« – Bien entendu, on boit peu de bourgogne dans votre établissement ?

– Oui, certes. Et c'est bien normal. Si nous ne défendons pas nos vins de Bordeaux ici, qui les défendra ? Je crois que dans toute une année, nous ne servons pas plus de vingt-cinq bouteilles de bourgogne.

– Évidemment, vous êtes "difficile" comme dégustateur ?

– Il ne peut en être autrement, déclare M. Robert Dubern. Mais en réalité, je mange sans me forcer ce qui m'est proposé. Ainsi, au 1er régiment colonial de La Rochelle, je dévorais tout ce qui était sur la table.

« Le salon gastronomique a été repeint en beige afin d'éclaircir la pièce, de la différencier, de l'épurer pour mettre en valeur les arts de la table. L'accueil feutré, les tables peu nombreuses et un sentiment de fraîcheur, d'intimité avec pour point d'orgue le symbole de la vie, représenté par l'eau, donnent tout l'esprit et la distinction de ce lieu choisi. »

Pierre et Isabelle Dupuy Schoell

Le tourin blanchi

Jean-Jacques Dubern, descendant d'une dynastie de restaurateurs bordelais, voit dans le tourin blanchi, que suit le chabrot, la plus ancienne institution de la cuisine de sa ville, cuisine de lointaine extraction plébéienne qui ne renie pas ses ancêtres : « Le tourin, a écrit cet historien de la table, c'est la soupe à l'oignon, faite à la bonne graisse, avec une légère pointe d'ail, liée aux jaunes d'œufs dans un ménage rassis. Quand il ne reste plus de pain dans l'assiette à calotte, on y verse un bon verre de vin rouge de l'année, bien gaillard. La couleur n'est pas belle certes je l'avoue, mais on est entre soi, et ce breuvage tiède, coulant et généreux, est un extraordinaire reconstituant. »

Cocktail servi dans le salon gastronomique.

– On peut être gastronome à tout âge ?

– Sans aucun doute. Ainsi, par exemple, nous recevons une ou deux fois par an la visite d'un vieux monsieur qui doit avoir aux alentours de quatre-vingt dix ans. Invariablement, il commande un champagne Montebello cordon noir et boit toute la bouteille. Comme il mange également beaucoup, le personnel craint toujours qu'il ne s'effondre avant la fin du repas. Mais il tient très bien le coup.

– Quel est le repas auquel vous feriez honneur avec le plus de plaisir ?

– Dans la période actuelle, mes préférences iraient au menu suivant : foie gras d'oie frais, homard grillé, bécasse, fromage. »

Pour l'année 1969, le bilan du restaurant n'est pas un « bon millésime ». « Notre prospérité dépend directement de l'activité économique », d'une « réglementation léonine », de charges fiscales en augmentation, ce qui n'a pas changé !

« – Avez-vous un souhait à émettre ?

– Que les gens prennent le temps pour tout et singulièrement de manger au lieu de lire et de méditer. Ils auront bien le temps de mourir.

Tôt ou tard, le bon sens aura le dernier mot. Nous devons tout mettre en œuvre pour conserver à la France sa tradition du bien manger et pour que la variété soit davantage appréciée chez nous. Il faut aussi que les Français et les Françaises perdent l'habitude de fumer en mangeant. Et parfois même entre les bouchées. Pour nous, c'est humiliant… »

« Satisfaire un client difficile et même maniaque est une pure joie pour un restaurateur », furent parmi les derniers mots de Robert et Jean-Jacques Dubern, avant leur retraite.

On peut être un « ancien » sans être dépassé. Mais la décennie 1970 approche, les fourneaux changent de génération. La « nouvelle cuisine » émerge, soutenue par deux journalistes qui surgissent dans le paysage culinaire français, Henri Gault et Christian Millau ; leur célèbre guide, et leur magazine, saluent les « maîtres », relais des principes essentiels de la gastronomie (voir ci-contre).

« C'est sous le signe du "chabrot" que les Bordelais de Paris se réunissaient en petit cercle, il y a longtemps de cela, si longtemps qu'eux seuls connaissaient alors la signification de leur enseigne. […] Sur les écrevisses à la bordelaise, nous ne donnerons pas trop de détails. Le vieux Dubern en a fixé une recette que contestent certains de ses concitoyens gourmands. Ils trouvent bien plus orthodoxe la préparation de Bontoux, écrivain de gastronomie locale à laquelle un autre maître queux, Sicart, oppose ses propres principes. Quelle que soit la méthode choisie, l'écrevisse à la bordelaise peut porter fièrement son nom si du vin blanc sec, du cognac et une mirepoix accompagnent sa cuisson et sa présentation[17]. »

Quand vous êtes ancien, il arrive le moment de démontrer toute sa sagesse : passer la main… Robert et Jean-Jacques Dubern, tout juste septuagénaires, ont reçu tant de personnalités, dont Churchill, Chaban-

« Dans le salon gastronomique, le lustre en pâte de verre, immense et naturaliste, branchage d'or d'où coulent des centaines de gouttes d'eau, éclaire et décore la pièce. »

En page 70, le Grand Salon.
La trémie de l'ancien escalier de service a été comblée puis restaurée par un tailleur de pierres. Un travail de marqueterie d'une grande finesse lui a permis d'inscrire le D légendaire dans le sol.

Pierre et Isabelle Dupuy Schoell

Cocktail servi dans le salon gastronomique.

En pages suivantes :

Le Grand Salon.

Pierre et Isabelle Dupuy Schoell, propriétaires de la Maison Dubern *depuis 2010.*

Delmas bien sûr. En 1972, ils conservent leur étoile au *Michelin*, tandis qu'un parking souterrain est ouvert au public… allées de Tourny ! Mais « le temps use les meilleurs. *Dubern* avait besoin d'un sang neuf[18] ». Après tant de décennies passionnées, de présence continue, la passion est toujours là, seules les forces manquent. Ils vont donc se retirer.

« Ce n'est pas sans serrement de cœur que nous passons la main, nous a dit Robert Dubern. Des raisons de santé en sont la cause première. Mon frère vient de subir une opération et je dois, moi-même, restreindre mes activités, ce qui est incompatible avec la tenue d'un établissement comme le nôtre. On se rend compte, en effet, qu'avec la montée des charges et le contrôle des prix, la restauration n'est pas un métier de tout repos.

Les mœurs évoluent, nous confie encore M. Dubern… On parle beaucoup d'automobile à table. Nous avons entendu quelqu'un se glorifier d'avoir "fait l'Espagne en cinq jours", sans se préoccuper du contenu de son assiette !

Dubern représentait la "vieille" maison, avec tout ce que le terme comporte de noblesse et de foi dans le métier[19]. »

Nous allons découvrir que la relève n'est pas qu'une simple succession. C'est une nouvelle apothéose !

Notes

1. *Max Baumann,* Bordeaux Métamorphoses, *Équinoxe, 1996.*
2. Max Linder était mon père, *Flammarion, 1992.*
3. *Annie Larraneta, « À la table des grands »,* Sud Ouest, *30 mars 1992.*
4. *Jean-François Fournier, « Les Fêtes de fin d'année à Bordeaux dans les années 1950 »,* Revue d'archéologie de Bordeaux, *volume 92, 2001.*
5. *Article* Sud Ouest *du 21/10/1955.*
6. Sud Ouest, *24/12/1956*
7. *Jacqueline Favreau-Colombier,* Marie Besnard, le procès du siècle, *coll. « Bibliothèque historique », Privat, 1999.*
8. Souvenirs curieux d'une espèce de hongrois, Taillandier, Paris, 2008.
9. *Prévôt et Fontaine, 27 juillet 1963.*
10. *Samuel Chamberlain,* Bouquet de France : an epicurean tour of the French provinces, *Gourmet, édition de 1966.*
11. *Youngman Carter,* Drinking Bordeaux, *Hastings House, New York, 1966.*
12. *Harper's bazaar, volume 100, 1967*
13. *American Foreign Service Association, Foreign service journal, volume 45, 1968.*
14. *Maurice Faure,* Sud Ouest *du 25/11/1967.*
15. *Allées de Tourny. Sur l'air des parkings…,* Sud Ouest *du 15 janvier 1969.*
16. *Entretien de Maurice Faure,* Sud Ouest *21 décembre 1969.*
17. *Gault et Millau,* Guide gourmand de la France, *Hachette, 1970.*
18. *Max Baumann,* Bordeaux Métamorphoses, *Équinoxe, 1996.*
19. *Des raisons de santé ont obligé les frères Dubern à se retirer,* France Indépendante du Sud Ouest *n° 144, mars 1972.*

Le règne de Roland Flourens

1972-1985

« Les fenêtres du salon gastronomique donnent sur les allées de Tourny et la colonne de Girondins. »

Pierre et Isabelle Dupuy Schoell

I. Une transmission réussie

En ce début des années 1970, même si Bordeaux est encore assez conservatrice, la société a changé, les besoins et les envies aussi. L'économie ne va pas si mal, la culture bouge avec le tonitruant festival Sigma et le CAPC. Les grands aménagements urbains se poursuivent. Autant d'empreintes qui modifient le paysage de la ville et qui s'accompagnent d'une autre cuisine, initiée par de nouvelles adresses gastronomiques, parfois très différente de celles de *Dubern*. Une époque d'une vitalité incroyable !

Pour la prestigieuse adresse du 42, il s'agit donc maintenant de transmettre le trésor à un successeur qui saura en perpétuer l'esprit, tout en apportant une touche de modernité, bien dans l'air du temps.

En périphérie de Bordeaux, à Pessac, se trouve *La Réserve Etche Ona,* ouverte en 1949 par Roger Flourens, dans un parc arboré, à la place d'une ancienne guinguette, *Les Éclusettes*. Formé à l'école hôtelière de Lausanne, Roland Flourens, son fils, en prend la direction au début des années 1960, pour en faire un hôtel-restaurant qui, rénové, obtient de rentrer dans la catégorie prestigieuse des Relais & Châteaux. Voilà le successeur tout désigné : « Mon père, explique-t-il, était ami des frères Dubern. Ils ont désiré longtemps que je leur succède. Après la mort de mon père, je devais respecter sa mémoire et ainsi fut fait[1]. » Il sait que la succession ne sera pas facile, mais ce défi est justement un atout. Et Roland Flourens, serein, va le relever ! En mars 1972, la vente du fonds de commerce est enregistrée. Une nouvelle ère commence.

D'importantes modifications vont être apportées qui vont renouveler l'établissement : « L'ensemble est transformé, la rocaille transportée à l'étage, l'épicerie devient un bar de style écossais au nom français, *Le Chardon* (*thistle*, emblème de l'Écosse). Les décors des salons sont refaits – à la feuille d'or – par un décorateur. Piano-bar dans les caves classées. Trente employés. Clientèle locale et internationale. Cuisine justement réputée où la plupart des grands chefs de cette génération et nombre de jeunes restaurateurs ont fait leurs armes[2]. »

Claudine Flourens, épouse de Roland Flourens, nous plonge dans l'atmosphère de cette reprise :

« Lorsque nous avons repris *Dubern*, il fallait une métamorphose. Tout avait tellement changé, notamment les normes de sécurité, d'hygiène. Autant dire que les travaux ont été conséquents, et précis puisque le premier étage est classé. En même temps, nous avons acheté un autre établissement tout proche, rue Michel-de-Montaigne, qui va devenir le *Tourny Broche*, une brasserie [et steak house] de qualité au beau succès. Chez *Dubern*, les écrevisses ont été remplacées par les homards qui nageaient dans un vivier moderne. Au rez-de-chaussée, nous avons créé *Le Chardon*, un bar très cosy, ouvert même l'après-midi. Je me souviens que chaque habitué possédant sa bouteille de whisky la

Vue depuis le salon gastronomique.

conservait dans un casier, à son nom ! Le premier barman était Jean-Claude Bombesin. Ensuite, Jacky Vignal en est resté longtemps le responsable. Nous avons par la suite enlevé *Le Chardon*, pour ouvrir le bistrot. Et puis nous avons créé le piano-bar dans les magnifiques caves, où officiait Pierre Buzon, un grand pianiste, qui organisait des rendez-vous le vendredi soir, où chacun pouvait venir jouer de la musique.

Les gens rentraient donc par le bar pour accéder au restaurant situé à l'étage. Nous avions un personnel qualifié. Je me souviens d'un maître d'hôtel, un Basque à la belle voix, qui ne manquait pas de prestance. Ou du sommelier, Christian Blanco, qui avait commencé à *La Réserve*. Dans les salons classés, aux jolies corniches, tout a été doré à l'or fin. Au sol, nous avons installé une moquette magnifique dans les tons bleus à gris-bleu avec des pointes de rose, venue spécialement d'Angleterre. Elle est arrivée quatre jours avant l'ouverture que nous avions fixée le 28 novembre 1972, jour de l'anniversaire de mon mari ! Quant à la clientèle, Bordeaux avait alors la réputation d'une ville fermée. Maintenant, je pense que ce n'est plus le cas. »

Le « dîner Raymond Oliver » en avril 1976, avec les nouveaux chefs girondins. Groupés autour de leur aîné, de gauche à doite : Jean-Marie Amat (Saint-James), *Jean-Paul Marion* (L'Étrier, *de Libourne), Pierre Bugat* (Dubern), *Jean-Pierre Xiradakis* (La Tupiña), *Francis Garcia* (La Réserve), *Roland Flourens, Raymond Oliver, Jean-Paul Malle* (L'Auberge *à Saint-Jean-de-Blaignac).*

Si le nom de *Dubern* résonne donc avec tant de prestige, on le doit bien sûr à la famille Dubern, mais aussi à Roland Flourens, qui va beaucoup faire pour Bordeaux. Il confiera d'ailleurs son ambition vingt ans plus tard : « J'ai pu, à cette époque-là, relancer la gastronomie bordelaise car la clientèle était prête à faire ces repas fins et longs de huit services dégustation, accompagnés de bonnes bouteilles. Le Tout-Bordeaux du bouchon, des affaires, des arts et le tourisme international se retrouvait dans nos salons classés par les Monuments historiques. Et dans les années 1980, tous les grands hommes politiques s'y retrouvaient. Quelle effervescence durant ces quinze ans[3] ! »

Les premières impressions ressenties par les Bordelais et la presse locale vont largement dans ce sens :

« Ambiances feutrées, lumières douces, le restaurant *Dubern*, complètement rénové, accueille sa clientèle sous le signe de l'élégance et du confort. Une clientèle qui apprécie la bonne chère certes – c'est de tradition dans ce haut lieu gastronomique – mais qui sait se montrer sensible au climat délicat du bar anglais comme à l'atmosphère intimiste du salon-boudoir meublé de cuir fauve où sur les tapisseries écossaises brillent de charmantes gravures.

Détendue, heureuse, la décoration qui a englouti l'ancien magasin des allées de Tourny ne s'inspire-t-elle pas de l'occupation anglaise ? Un spirituel retour aux sources qui conduit au premier étage où tout change et s'éclaire.

Mélange prestigieux de belles pierres nues et de revêtements très design, pures boiseries Louis XV pour les trois salles à manger nappées de bleu, moquettes somptueuses, constituent avec la cuisine ultramoderne largement offerte aux regards un ensemble contemporain et fonctionnel.

Les compagnons d'Aquitaine, en octobre 1976, sur le perron du château de Malle. De gauche à droite : Jean Ramet (Le Chapon Fin) *; Claude Darroze (Langon) ; Jean-Paul Marion* (L'Étrier) *; Jean-Marie Amat* (Le Saint-James) *; Jean-Pierre Xiradakis* (La Tupiña) *; Roland Flourens et ses deux chefs : Francis Garcia* (La Réserve) *et Bernard Migron* (Dubern).

À midi, le personnel silencieux s'affaire autour des tables. On "pêche" le homard et l'écrevisse… sur le palier…

Lieu d'élection pour les déjeuners d'affaires, *Dubern* ne réussit-il pas le miracle de relancer les dîners "habillés" ?

C'est ainsi rendre hommage au décor gracieux comme à l'accueil efficacement discret[4]. »

II. Un grand règne

On le sait, une maison ne tient qu'avec ce qu'en fait le maître des lieux. Acteur de l'époque – puisqu'il arrive chez *Dubern* en 1972 –, Jacques Coussau le dit, le vit, l'applique. Propriétaire aujourd'hui, avec son frère Jean et son épouse, du célèbre *Relais de la Poste* de Magescq, dans les Landes – ancien relais de voyageurs repris par leur père dans les années 1950 – il se souvient :

« Je suis arrivé chez *Dubern* pour y faire mon apprentissage en cuisine, pendant deux ans environ. Le chef était Pierre Bugat, venu de *La Réserve*, et le second, Francis Garcia, qui devait rejoindre justement *La Réserve*, puis faire la grande carrière que l'on connaît. Le cuisinier des frères Dubern, Robert Dibar, est resté au tout début, pour faciliter la succession. Au *Tourny Broche* officiait un autre ancien des Dubern, dont seul le prénom me revient : Christian. Je me souviens de l'entrée en arcade, des trois premières marches du palier longeant le bar qui tournait à plein, des réserves voisines, celles de la cuisine et celles des bouteilles, en sous-sol où je croisais Christian Blanco, le sommelier. Des deux à trois bourriches de belons consommées chaque samedi, du hall d'entrée et de la grande verrière, des deux viviers, un grand pour les homards, un petit pour les écrevisses. On ne mélangeait pas ces deux délices : ils ne s'aiment pas !

À cette époque, le *Château-Trompette* était sur le déclin, tout le "gratin" se retrouvait aux allées de Tourny. Si *Dubern* a été l'un des premiers à aménager des cuisines vitrées, donc visibles des clients, les cuisiniers travaillaient dans l'ombre. Ce qui a bien changé, et c'est tant mieux. En salle, le service était la vedette car en contact direct avec le public. Il se pratiquait "à la française", c'est-à-dire avec élégance, compétence, habileté. Le personnel travaillait "au guéridon" : il découpait la volaille, dont le fameux canard de Challans, flambait les rognons ou apportait les écrevisses en buisson – des "pattes rouges", les meilleures, que l'on faisait aussi à la bordelaise, comme les frères Dubern. Un régal ! Il y avait la lamproie à la bordelaise, ce poisson aussi laid que délicieux, qui exige une longue préparation. »

Bref, la transmission s'est bien passée. Et malgré le premier choc pétrolier d'octobre 1973, avec le prix de l'or noir qui monte, les économies

« Nous avons voulu que le salon du D soit aérien.
Abandonnant le code des longues nappes blanches, nous avons opté pour des nappes-housses aux tons chauds.
Nous avons également choisi des verres élancés aux lignes pures et, en harmonie avec le lustre, des assiettes blanches évoquant l'onde provoquée par la chute d'une goutte d'eau. »

Pierre et Isabelle Dupuy Schoell

Servie dans la salon gastronomique, en amuse-bouche, une mousseline de légumes oubliés, morille et châtaigne, nuage de foie gras.

occidentales qui s'en ressentent, les Trente Glorieuses qui touchent à leur fin, les Français qui commencent à « faire attention », malgré tout cela, Roland Flourens et ses équipes ont tout lieu d'être satisfaits. Gault et Millau distingue le restaurant en 1974. Et certains n'hésitent pas à le rapprocher de la célèbre *Mère Brazier*, à Lyon :

« Deux noms qui évoquent une grande tradition. [...] Souvent, la tradition subsiste et le successeur maintient la gloire d'un nom, même quand il n'est pas le sien [comme Raymond Oliver, les frères Troisgros, Jean-Marie Amat au *Saint-James* de Bouliac, etc.]. [...] Voici donc *Dubern* récompensé. Gault et Millau remettront vendredi prochain une "clé d'or" à Flourens, et ils se demandent, dans leur guide, s'il ne serait pas juste de dire "chez Flourens" et non plus "chez Dubern". Mais je pense que conserver un nom prestigieux n'est pas bêtement conservateur. [...] *Dubern* fut inégal dans le passé, mais l'entrée par la boutique donnait un caractère original à l'ensemble et les sauces classiques, le gibier un peu trop "fait" à mon goût, selon les habitudes de jadis, les légumes rares, la belle cave avec, dans les grands ordinaires, un amusant Médoc blanc ; la récréation, le service, le style très cossu, tout cela donnait une forte impression. Et puis, il y a quelques années, les deux étoiles de Michelin furent méritées. Une chute pénible suivit et tout allait mourir peut-être. Enfin, Flourens vint... [...]

Bugat est jeune, a l'âge heureux où l'élève très doué devient un maître, cumulant la réussite déjà et l'espoir encore.

J'ai souligné dans ce journal l'importance de ce qui, dans un restaurant, n'est pas la cuisine mais "le reste" : décor, couvert, service accueil. La réussite est ici éclatante, car Flourens sait et sent, exactement ce qu'il faut faire, et il l'a fait. Passer deux heures chez *Dubern* est devenu une joie. Et la cuisine ne diminue pas la fête.

Ouvrons la carte : la liste des plats n'est pas abusivement chargée et il y a une teinte heureuse de régionalisme. Pour 53 francs (sans le service), nous pourrons avoir des huîtres avec crépinette ou des coquilles Saint-Jacques marinées, puis le plat du jour ou une très délicate fricassée de volaille au vinaigre d'estragon, les fromages ou, sans limitation, les desserts tout à fait réussis, enfin le café. Je préfèrerais, bien sûr, à autre prix, la lamproie à la bordelaise, ce plat sans pareil qui permet à la conserve d'égaler la fraîcheur. [...] La carte des vins est là pour le choix. Il y a un flot généreux de bordeaux [qui] représentent la région avec distinction et aussi une modération du prix que les grands confrères parisiens de Flourens ont abusivement abandonnée et je reviendrai sur ce problème, qui est un péril pour le vin. [...]

Il était triste que les restaurants ne fussent plus du tout à la hauteur dans une ville qui est, chez les particuliers, l'une des premières pour l'art de la table. Une nouvelle vague a redressé la situation, que ce soit dans des maisons récentes (*Aquitania*, *Saint-James*) ou dans la vieille boutique, si bien rajeunie, des allées de Tourny : une équipe aimable

et enthousiaste qui réussit par le travail et la qualité, cela se rencontre chez Flourens, mais continuons, avec lui, à dire, "chez Dubern"[5]. »

L'éloge est de taille. Et le contexte bien cerné. Car, c'est vrai, de nouvelles tables sont apparues, gage de renouvellement, de modernité, une « nouvelle vague » qui va pourtant très bien se marier avec la tradition perpétuée, respectée, actualisée, de chez *Dubern.* »

En 1976, cette relève bordelaise n'hésite pas à poser en photo avec l'une des figures de la cuisine française, Raymond Oliver. « C'était au mois d'octobre dernier, à l'occasion du « dîner Raymond Oliver » servi lors des Journées gastronomiques internationales. Groupés autour de leur aîné, voici les chefs bordelais et girondins de la "jeune cuisine française" : Jean-Marie Amat (*Saint-James*), Jean-Paul Marion (*L'Étrier,* de Libourne), Pierre Bugat (*Dubern*), Jean-Pierre Xiradakis (*La Tupiña*), Francis Garcia (*La Réserve*), Roland Flourens, Raymond Oliver, Jean-Paul Malle (*L'Auberge* à Saint-Jean-de-Blaignac). »

Et beaucoup se félicitent que Bordeaux retrouve ainsi une place de premier plan dans le concert gastronomique. Outre l'établissement de Jean-Marie Amat, il y a par exemple ce restaurant qui va devenir un établissement phare de la place bordelaise : *La Tupiña*, fondée et dirigée par Jean-Pierre Xiradakis qui va privilégier le produit et une cuisine simple, de grande qualité, sans céder aux modes. Celui-ci va se retrouver, avec les autres « Compagnons d'Aquitaine » de Flourens, aux rencontres gourmandes d'octobre 1976, qui confirment l'embellie de Bordeaux !

« Enfin Flourens vint et, par son intelligence et son activité, réveilla le corps endormi. *Dubern*, avec Bugat, puis [Pierre] Mirgon, la *Réserve* avec Garcia, le *Saint-James* avec Amat, le *Frantel* avec Jaloux puis [Christian] Clément marquèrent la remontée. Ramet alors redonna vie au *Chapon Fin*.

Que Bordeaux redevienne une capitale gastronomique, est heureuse affaire pour chacun et pour tous. Elle le doit à ceux que j'ai nommés et à quelques autres, dans la ville ou en Gironde. Xiradakis, Marion, Male, Darroze. Une rencontre gourmande pouvait se faire à Bordeaux. Elle s'est faite.

Au château de Malle, ce fut [...] le gascon Daguin qui opéra. [...] Ce fut brillant et l'opinion fut unanime. Le lendemain vendredi, et j'y étais, ce furent les Compagnons d'Aquitaine, c'est-à-dire Amat, Darroze, Male, Marion, Ramet, Xiradakis et les deux nouveaux, Clément et Mirgon, qui opéraient dans le cadre de haute et raffinée bourgeoisie du grand siècle bordelais qu'offre ce château Bouscaut [6]. »

Au menu : soupe d'écrevisses au Sauternes et aux petits légumes, rougets sauce olivette, aiguillettes de canard sauvage au sang, chabichou gratiné, gâteau feuilleté, granité au Bouscaut, et bien sûr des vins succulents.

Classé « relais gourmand » dans le guide *Relais et Châteaux*, *Dubern* est ainsi au pinacle.

Déclinaison de légumes à la provençale, canard fumé et fromage de chèvre, sorbet tomate et basilic.

III. Souvenirs

Êtes-vous déjà allé dans un bar écossais, ou anglais ? Certainement, en Grande-Bretagne au moins. Flourens, lui, innove avec *Le Chardon*. Souvenirs de Philippe Licart :

« J'ai commencé le métier de barman dans le quartier des Grands-Hommes, avec Jean-Claude Bombesin, qui a fait l'ouverture du *Chardon*. Je suis entré chez *Dubern* en 1977, où j'ai remplacé Jackie Vignal au bar écossais. À l'époque, Jacques Bibes était en charge du *Tourny Broche*.

Ah ! l'épicerie et ses vitrines, de véritables œuvres d'art, avec les fruits frais de saison. Elle n'était pas grande, mais elle vous attirait irrésistiblement, et on n'avait qu'une envie : entrer. L'une des grandes forces de Roland Flourens est d'avoir dépoussiéré l'endroit, d'avoir transformé la maison tout en la respectant. Il l'a gardée "dans son jus", son identité. Sa force était aussi sa présence. Il "papillonnait" intelligemment d'un client à l'autre, et savait qui était qui. Il aimait chouchouter les véritables fidèles de *Dubern*. Il avait par exemple gardé une passion pour les États-Unis, et conservé des contacts qui réservaient même leur table depuis là-bas ! Il avait d'ailleurs un carnet d'adresses important. On venait chez Flourens plus que chez *Dubern*.

Roland Flourens mettait la main à la pâte. Il était aussi capable de tout faire, de servir lorsqu'un employé était absent. Il était comme ça, passionné, très drôle et compétent, en particulier en marketing. Il avait par exemple le chic pour être sur les photos ! Autre chose : il savait très bien s'entourer. L'équipe était très professionnelle, comme Hervé Valverde, Pierre Buzon, Jackie Vignal, le chef, M. Bureau, un excellent cuisinier. Et puis, il mettait dans son entreprise une grosse dose d'affectivité, ce qui ne l'empêchait pas d'avoir son caractère, et ses humeurs. Enfin sa personnalité et sa manière de gérer le personnel… C'était un sacré personnage.

Dubern était une belle maison, un bel endroit. Ce n'était pas hiérarchisé, tout en étant carré. Le mélange était réussi, avec le gastronomique à la française en haut et, en bas, *Le Chardon* à l'anglaise. Le Bordelais est finalement assez "anglais" ; il aime le cuir, le bois, et la discrétion : voir à l'extérieur mais ne pas être vu ! Le bar et le "piano-cave" étaient donc parfaits, et une première à Bordeaux, très vite imitée. Pour le restaurant, il était vraiment de très grande qualité, grâce à la cuisine, et au service. Il y avait une belle clientèle, de belles tables. »

Philippe Licart nous offre en plus un tableau saisissant de la vie « dubernoise » :

« Au bar, j'avais un bel outil de travail, les moyens étaient illimités, il n'y avait pas de restriction. Il m'arrivait de travailler douze heures d'affilée. Mais on était tous contents. Au bar, j'ai côtoyé des gens que je n'aurais jamais ren-

Repas dans le salon gastronomique. Table au pied de cristal.

contrés ailleurs, et j'ai gardé des relations de cette époque. J'ai donc beaucoup appris, certains des clients étant des sommités. Je travaillais avec Pierre Buzon, et j'ai connu évidemment Éric Bonnefond, que je vois toujours.

Je m'entendais parfaitement avec Pierre. Après le service, on se posait souvent dans les fauteuils en cuir, pour boire un petit verre, et refaire le monde. Un jour, après avoir terminé, nous étions assis. Soudain, il me dit : « Tu ne trouves pas que ça sent le brûlé ? » Ni une, ni deux, on est monté à l'étage. Le feu avait pris dans le vestiaire des cuisines et se répandait à une vitesse folle. Peut-être un mégot mal éteint, parce que tout le monde fumait partout à l'époque. On a essayé d'éteindre l'incendie comme on a pu, et on a appelé les pompiers, qui ont fait le nécessaire. Je peux dire que nous avons sauvé *Dubern* des flammes !

Pierre Buzon était vraiment le roi du "piano-cave". Il était le "Monsieur de ces dames", je vous jure, avec ses admiratrices. Certaines venaient tous les soirs. Il était d'une élégance folle avec son smoking, son nœud papillon. Il portait des petits chaussons vernis, avec une sorte de pompon sur le dessus, qui se baladaient sur les pédales du piano. C'était le "rabatteur" de *Dubern*, dans le sens noble du terme.

Lorsque le bar a été remplacé par le bistrot, je suis descendu au piano-bar. Les deux immenses caves étaient magnifiques, très hautes. De vraies cathédrales, avec la cheminée. Les soirées étaient toujours très animées, drôles, vivantes. Ce qui attirait de nombreux « people », comme Nadine de Rothschild. Et des musiciens, qui venaient taper le bœuf. Ils commençaient parfois à quatre, et finissaient à dix ou douze. Certains étaient membres de l'orchestre du Grand Théâtre, et le sont toujours. »

Ci-contre : *1982, Roland Flourens et son équipe dans le salon de* Dubern.

Le piano-bar de Dubern a donc une belle réputation, due essentiellement au pianiste dont les doigts, magiques aux dires de tout le monde, fait résonner les splendides caves. Pierre Buzon a marqué son temps, le succès le conduisant jusqu'au Japon, où sa réputation fut impressionnante. Éric Bonnefond, qui l'a bien connu, et le voit toujours, en témoigne :

« Mon histoire et mes débuts en tant que pianiste de bar sont liés à Pierre Buzon. Je l'ai découvert à 17 ans, en 1978-1979, alors que j'étais encore au lycée. Mon oncle, qui devait sortir pas mal à cette époque-là, m'a emmené un soir chez Dubern, avec mes parents. Nous sommes ensuite descendus au piano-bar. Je me rappellerai toujours une photo de Pierre, les cheveux grisonnants, dans l'escalier du restaurant. J'arrive donc dans cette cave, qui, je précise, n'était pas un club de jazz. J'ai remarqué un piano à queue noir sur lequel trônait un seau à champagne, et près duquel se tenaient deux jeunes femmes. À côté, un orgue électronique. Pierre, en smoking, jouait à égalité de temps sur les deux instruments. Comble de modernisme, l'orgue était équipé d'une boite à rythmes ! L'ambiance était feutrée, les lumières tamisées. J'ai trouvé ça extrêmement séduisant, "classe".

Mon oncle, qui avait beaucoup d'aplomb, est allé le voir et lui a demandé : "Mon neveu adore la musique, est-ce que vous donnez des cours ?" S'étant

entendu répondre oui, il m'a offert huit leçons [...] Plus tard, il m'a offert ses partitions, que j'ai toujours. Deux gros classeurs [...] Ce répertoire consistait en musiques de films, en standards de jazz et de la chanson, de *La Vie en rose* à *Stranger in the night*. Des morceaux dont il m'a appris à retenir le concentré, l'essentiel, ce qu'on appelle la "grille harmonique".

Alors j'ai commencé à faire le mur chez mes parents. J'allais voir Pierre chez *Dubern*, juste pour le plaisir, sans la moindre arrière-pensée d'une quelconque carrière. Je me mettais au piano, et lui à l'orgue. Ensuite, il a traversé les allées de Tourny et a participé à la création d'un bar, rue du Château-Trompette, *Le Point d'orgue*. Il m'a présenté à Roland Flourens qui m'a fait jouer les quelques morceaux que je connaissais d'oreille. Et j'ai été engagé pour de petits cachets – dont j'ai gardé les bulletins de salaire ! Je trouvais ça merveilleux. Au piano-bar, je jouais deux ou trois morceaux, faisais une pause, traversais les allées de Tourny pour voir Pierre, l'écoutais et repartais chez *Dubern* pour jouer ce que j'avais entendu ! Puis Pierre a eu des problèmes de santé. Je l'ai remplacé au *Point d'orgue*, et à certains moments, j'ai même joué aux deux adresses. »

On voit bien que *Dubern* est alors à l'apogée. Un statut que Roland Flourens doit à sa patte, à la cuisine et… au vin. Aujourd'hui, Hervé Valverde est le propriétaire reconnu du *Bistro du sommelier*, dont le nom rappelle son métier, et qu'il fonda en novembre 1986, juste après son départ de Dubern :

« Je suis entré chez *Dubern* en mai 1973, et, excepté mon service militaire (à l'Élysée !), j'y suis resté jusqu'en 1986. Je veux rendre hommage à Roland Flourens, un visionnaire, une sommité dans son domaine [...] Il a inventé la brasserie, avec le *Tourny Broche*. Il est devenu une personnalité importante de la ville. Même Chaban-Delmas venait le voir un quart d'heure, vingt minutes, pour avoir la température de Bordeaux. En avril 1981, peu avant les élections, François

Mitterrand est venu, on savait déjà qu'il allait être élu. Parmi les nombreuses célébrités, je me souviens de toute l'équipe d'*Un Éléphant ça trompe énormément* [1976] et *Nous irons tous au paradis* [1977], d'Yves Robert, avec Annie Duperey, Bedos, Rochefort, Brasseur, Lanoux.

Sur le plan professionnel, j'ai été formé à la sommellerie par Christian Blanco. Étant donnée la réputation de *Dubern*, tous les négociants et châteaux voulaient être chez nous [...]. Pierre Bugat, qui avait fait son apprentissage avec le père Flourens, avait vu grandir Roland Flourens, et lui a toujours été fidèle. Il y avait le service aussi, au fameux "guéridon" [...]. Je me souviens de Marc, qui avait travaillé à Paris, et qui découpait le canard comme un virtuose. Je revois encore les écrevisses en buisson, les canards du Sud-Ouest, les homards... Le bar que Jackie Vignal a tenu impeccablement. Autant dire que c'était la grande époque. Même Madame Jeanne, la femme de ménage, est restée dans ma mémoire. »

Roland Flourens se démène, invente, essaie de trouver des solutions. Une tâche formidable, car il y a les chocs pétroliers successifs, la montée inquiétante d'un chômage préoccupant, une industrie qui se délite, l'arrivée prochaine de François Mitterrand au pouvoir... Ce tableau quelque peu « sensible » est la réalité dans laquelle *Dubern* vit, évolue, se projette. Chacun sent qu'un autre tournant est en train de se dessiner. Que la (relative) insouciance de naguère n'a plus cours.

En mars 1981, par exemple, alors qu'on pressent la victoire de la gauche, les caves du restaurant servent de cadre à un « dîner surréaliste », dédié à ce mouvement littéraire et artistique. Une pièce de théâtre de Philippe Soupault, l'un des fondateurs, est justement jouée à Bordeaux. Le thème de la soirée : « Il n'y a pas d'amour heureux », référence à ce vers de Paul Éluard, autre célèbre surréaliste à ses débuts. « De source bien informée, on tient pour acquis [qu'ils] vont préparer des plats poétiques dont la décoration laissera pantois. Quant aux convives, il leur suffira de se maquiller un doigt, un pied ou un œil, voire de venir avec leur tête sous le bras, pour avoir le droit de s'attabler », commente *Sud Ouest*.

Vous aimez le vin ? Christian Blanco, professionnel d'envergure, qui a formé Hervé Valverde, a été le sommelier de Dubern au temps de sa splendeur :

« En 1968, je travaillais à la *Brasserie de l'Opéra*. L'année suivante, je suis allé à *La Réserve*, comme maître d'hôtel, et sommelier puisque je m'étais aussi spécialisé dans les vins. J'y suis resté jusqu'au milieu de l'année 1972, avant de rejoindre *Dubern*. Je tiens à dire que j'ai appris ce métier passionnant de sommelier sur le tas, que je possède juste un diplôme

Terrine de foie gras des Landes aux figues, coulis de vin rouge et cassis.

universitaire de dégustation. J'ai simplement grimpé les échelons.

Je suis resté cinq ans chez *Dubern*. Le bar anglais, tout en cuir, comme en Angleterre, était d'une grande élégance avec ses boiseries. Pour le créer, Roland Flourens a enlevé le vivier qui trônait sur la gauche. Il a construit l'escalier qui montait au premier étage, où se trouvaient les deux salons gastronomiques qui faisaient face à la cuisine. Sur le palier intermédiaire régnait la réception. Je revois ces salons et leurs boiseries, les tables en bleu… Il y avait aussi un petit salon, le piano-bar, qui tournait du feu de Dieu.

Si vous voulez jouer dans la cour des grands, il faut mettre ce qu'il faut, ou alors vous n'y jouez pas. Et prendre le personnel qui convient. Il faut dire que c'était l'euphorie, il y avait du travail partout. On quittait une place le soir, on en trouvait une le matin. Tout tournait à tour de bras. Chez *Dubern*, le personnel était payé au pourcentage, c'est certain. Mais il doublait ses revenus grâce aux pourboires !

Je suis parti de *Dubern* au milieu de l'année 1977. Pour lui, choc pétrolier oblige, le recul s'est amorcé, surtout à partir de 1981 […]. Je n'ai aucun droit de juger, même si je regrette que son "empire" ait été dévoré. Qu'auriez-vous fait à sa place ? Personne ne le sait. Vous n'y étiez pas. Moi non plus. »

En 1984, Pascal Hauteillan, jeune chef de vingt-quatre ans, est installé par Roland Flourens aux fourneaux de Dubern.

IV. Fin de règne

La fin de Roland Flourens chez *Dubern* est donc proche. L'année 1984 est hautement symbolique. Jean-Jacques Dubern meurt le 6 avril, suivi de son frère Robert le… 31 décembre. Soudés jusqu'au bout, au point que les frères se succèdent dans le temps… On ne peut être qu'ému, touché. Roland Flourens, lui, continue, cherche à rebondir. « Charme classique chez Dubern ou cuisine authentiquement Sud-Ouest à la Tupiña : en tout cas, deux bonnes adresses », s'interroge un journaliste :

« *Dubern* avait retrouvé une réputation, une vitesse de croisière distinguée, grâce aux efforts du jeune chef Matthias Théry, élève des frères Troisgros. Mais depuis deux mois, M. Théry s'étant retiré, les fourneaux du *Dubern* sont confiés à un autre jeune chef, M. Pascal Hauteillan, qui n'a que 24 ans, et n'en est pas moins passé par Miami. […] Expérience faite, M. Hauteillan travaille de beaux produits avec sûreté et légèreté, et si ses excellentes prestations sont sans grande surprise, elles sont également sans défaut.

[…] On pourrait souhaiter peut-être une carte plus originale… Mais jeunesse n'exclut pas prudence, et si notre cuisinier persévère dans cet emploi, on peut espérer qu'il nous étonnera enfin pour de bon. Il faut certes plus de deux mois pour posséder à fond un instrument de la classe du *Dubern* et se permettre quelques variations plus audacieuses.

Gastronomie

Rendez-vous bordelais

Charme classique chez Dubern ou cuisine authentiquement Sud-Ouest à la Tupiña : en tout cas, deux bonnes adresses

Promenades gourmandes d'Hubert Monteilhet

Dubern *et* La Tupiña *: « charme classique » et « cuisine authentiquement Sud-Ouest » : deux grandes adresses des années 1980.*

Ce haut lieu de la tradition bordelaise semble en de bonnes mains.

Il y a en tout cas des compliments à faire sur le service, et particulièrement à M. Hervé Valverde, président de l'Association des sommeliers de Bordeaux et d'Aquitaine. Ses compétences didactiques font merveille à propos d'une belle carte des vins où les bordeaux tiennent évidemment la vedette. Un pareil sommelier est un point fort pour un établissement[7]. »

Hervé Valverde : « Ensuite, Roland Flourens a rencontré des difficultés financières. L'arrivée de la nouvelle cuisine, la gauche au pouvoir en 1981, qui a paralysé les porte-monnaies des gens aisés, tout cela et d'autres facteurs l'ont poussé à revendre le *Tourny Broche*. Trouvant que *Le Chardon* ne marchait pas très bien, il l'a remplacé par un bistrot, *Le Petit Dubern*. On présentait donc deux cartes, celle du « grand » et celle du « petit » restaurant. Ce qui compliquait la tâche en cuisine. Du coup, les clients du gastronomique se sont mis à fréquenter davantage le bistrot, où les plats avaient fini par être beaucoup "améliorés". À l'époque, nous étions payés au pourcentage, ce qui nous a fait bien sûr perdre de l'argent. Enfin, Flourens a ouvert le piano-bar au sous-sol, qui s'est arrêté quand Pierre Buzon a fondé le *Point d'Orgue*. Il a alors confié le lieu à une personnalité de la nuit bordelaise, qui ne lui a pas donné la classe que méritait *Dubern*… Bref, ce mélange des genres a conduit à l'inéluctable. En octobre 1985, Flourens est venu me voir et m'a dit : "Il faut que je te parle." En clair, il m'a appris qu'il avait vendu le restaurant. Lorsque Christian Clément est arrivé, je suis parti.

En conclusion, dans les années 1980, le service a perdu son statut pour devenir le porte-plat ; on n'avait plus besoin de professionnels compétents. Le "guéridon a quasiment disparu". Une page s'est tournée. »

Dubern a imprimé son époque. On peut encore le vérifier aujourd'hui. Tous les acteurs qui ont témoigné et témoigneront le diront encore. Comme ce serveur d'un voisin de *Dubern*, qui nous livre au passage quelques « trucs » du métier, qui ne s'inventent pas.

« Le Bordelais Jean-Marie Barde, serveur à la brasserie *Tourny*, à Bordeaux, […] avertit ses deux fils, Benjamin et Anthony, qui veulent être cuisiniers, que "la cuisine, c'est dur, et que tout le monde ne peut pas être un grand cuisinier". Lui qui était programmé pour la cuisine n'a pas eu le choix quand sa mère le présenta en 1984 au propriétaire du restaurant *Dubern* : "Il n'y avait pas de place de cuisinier, c'était la salle ou rien, je me suis lancé ainsi." Jean-Marie a appris sur le tas et a découvert que le service était un métier. Le découpage en salle était la signature de l'institution bordelaise qui recevait le beau monde. "J'ai été formé à la prise de commande, au nettoyage des tables, au service à table et au service à la cloche", rapporte Jean-Marie, qui partit ensuite à la brasserie *Chez Basile*, cours de Verdun. Chez

Dubern, il fallait garder de la distance avec le client, ici, au contraire, il fallait être proche. L'adaptation se fit naturellement, Jean-Marie suivit son tempérament, sa capacité à mettre le client à l'aise, notamment lors de la prise de commande.

"Il faut connaître ce qu'on vend, informer sans influencer, si le client est indécis, il faut le décider", précise le Bordelais. "L'habitué est facile à gérer, on sait à peu près ce qu'il veut, on le dirige", poursuit-il. "Vous devez redoubler d'attention avec le client que vous ne connaissez pas, l'amener à être détendu et à passer un bon moment, surveiller la table, aller aux nouvelles, avoir le sourire et un mot gentil." Ainsi Jean-Marie se souvient d'une dame arrivée avec le moral à zéro et repartie gonflée à bloc [...]. "Je suis sérieux et je m'amuse en même temps, ça s'apprend, mais, pour être bien et garder l'envie, il ne faut pas être timide et il faut aimer les gens", insiste Jean-Marie, qui servit chez *Dubern* le président Mobutu, Johnny Hallyday, Jean-Jacques Goldman, Michel Sardou...[8] »

La messe gastronomique est pourtant dite. Roland Flourens a été, c'est certain, un créateur, rattrapé par bien des circonstances, des choix. Il restera néanmoins fier de son œuvre :

« Roland Flourens, qui veille désormais sur *La Réserve*, à Pessac, rappelle que *Dubern* a été un précurseur avec le premier "bistrot", le premier "estaminet" ouvert dans un grand restaurant, le premier bar anglais, le premier piano-bar ou piano cave et le premier steak-house avec le *Tourny broche*, rue Michel Montaigne[9]. »

Il n'empêche que *Dubern*, qui a vu tant de gloires, revient à l'un des Compagnons d'Aquitaine de 1976 : « Bombe dans le monde gastronomique bordelais, Christian Clément s'installe chez *Dubern*. Avec des idées plein les casseroles[10]. »

« En 1985, Roland Flourens, 57 ans, sent le besoin de "passer le relais". Pas à n'importe qui. Il choisit Christian Clément, "un ami de dix ans, un élève de Senderens, un grand professionnel, capable de perpétuer la pérennité de *Dubern*".

Cela tombe à pic. Dans son petit restaurant de la rue du Pas-Saint-Georges, Christian Clément, fougueux chef de 35 ans, étouffe. "Cela fait plus de cinq ans que nous sommes là, dit-il. Ma femme en salle et moi en cuisine, nous menons une vie de fous. On avait besoin de changer, de grimper plus haut". [...] On ne touchera pas au grand restaurant (il est classé par les Monuments historiques). En revanche, la cuisine sera refaite. Le bas sera aménagé. Il y aura une salle pour banquets. L'estaminet va disparaître à la faveur d'une mezzanine pour repas rapides (100 francs en moyenne). Il y aura un wine bar au verre, vin que l'on pourra acheter sur-le-champ si on le désire. » L'épicerie renaîtra et au troisième étage, une petite salle sera aménagée à l'usage exclusif de membres choisis pour leurs compétences gastronomiques. Ce n'est pas tout. Il y aura une école de cuisine, à l'image de celle de la rue du Pas-Saint-Georges. »

Il est visiblement prévu un tandem Flourens-Clément chargé de promouvoir les produits du terroir de Bordeaux, assortis d'un label. Chose promise, chose due. Les travaux commencent. Signe d'identité ancien, la marquise disparaît à l'entrée. Les corps de métier s'activent, pendant que le restaurant continue de fonctionner, obligeant les clients à monter sur un escalier extérieur, planté provisoirement sur la façade. Le nouveau Dubern doit être terminé le 7 février 1986, malgré un incendie qui a ravagé les combles pendant le chantier, détruisant au passage du matériel de cuisine.

Ci-contre : En 1985, après le départ de Roland Flourens, Christian Clément prend en main la destinée de Dubern. *Ici, lors de l'inauguration, en février 1986.*

Mais Roland Flourens, qui voulait transmettre au mieux cet héritage, va se retirer rapidement. Il se consacrera désormais, et exclusivement, à *La Réserve* de Pessac.

Christian Clément est seul aux commandes, avec son épouse.

Notes

1. *Annie Larraneta, « À la table des grands »,* Sud Ouest, *30 mars 1992.*
2. *Max Baumann,* Bordeaux Métamorphoses, *Équinoxe, 1996.*
3. *Annie Larraneta, « À la table des grands »,* Sud Ouest, *30/3/1992.*
4. *Dubern reçoit sous le signe de l'élégance et du confort,* Sud Ouest *du 11/12/1972.*
5. *Héritage et Tradition,* Sud Ouest, *15/12/1974.*
6. *Les « rencontres gourmandes » de Bordeaux ou la gastronomie du renouveau,* Sud Ouest, *25/10/1976.*
7. *Hubert Monteilhet, « Rendez-vous bordelais »,* Sud Ouest, *16/12/1984.*
8. *Jacques Ballarin, « Faire aimer la salle et le service »,* Sud Ouest, *30/06/2011.*
9. *Annie Larraneta, « À la table des grands »,* Sud Ouest, *30/3/1992.*
10. *Jacques Sylvain, « La Renaissance de Dubern »,* Sud Ouest, *18/10/1985.*

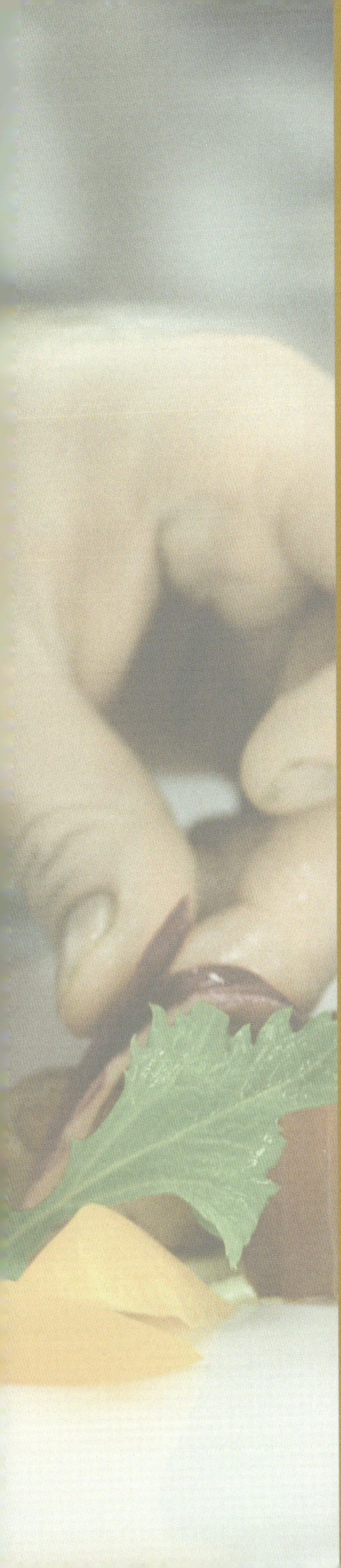

Une nouvelle ère

1986-2007

I. Une période de doute et de changements

Avec l'arrivée de Christian Clément s'ensuit pour *Dubern* une période très « mouvante ». L'établissement va changer plusieurs fois de visages et de propriétaires, délaissant ses traditions pour entrer dans une modernité où, dans les années 1980, la « nouvelle cuisine » triomphe. Deux autres grosses décennies jalonnées de péripéties, de revirements, de choix qui vont peu à peu, et malgré les indéniables qualités d'acteurs essentiels, faire de cette adresse prestigieuse un restaurant (presque) comme les autres, cette comparaison n'ayant rien de désobligeant. Car *Dubern* a su puiser son identité et sa gloire de soixante-dix ans dans la continuité. Un paradoxe en apparence, et pourtant une réalité ! Mais faire « absolument » du neuf, de l'original n'est pas une mince affaire. Coller à la réalité du moment, non plus.

Côté étoiles, *Dubern* disparaît de la sélection Michelin en 1987, pour n'y plus revenir.

II. Christian Clément : 1986-1988

Bienvenue chez Christian Clément et son épouse. Au début de l'aventure, un journaliste déclare avoir fait un excellent déjeuner, estimant que le nouveau propriétaire est « en train de gagner ce pari difficile », tant au « petit *Dubern* » avec « de bons petits menus à des prix avantageux », qu'au « grand *Dubern* », le gastronomique. Les « classiques un peu poussiéreux de la maison ont laissé place à une cuisine plus moderne et plus inventive, mais sans fausses notes ni excès douteux ». Un regret cependant : « L'ancien propriétaire a emporté la cave et le sommelier émérite », puisqu'Hervé Valverde est parti…

Côté fourneaux, Christian Clément « communique », donnant par exemple dans un journal sa recette de l'alose (poisson mythique de la Gironde) rôtie aux orties et aux échalotes confites. Une radio locale diffuse celles de ses écrevisses (tiens, tiens...) à la coriandre, de ses perdreaux au chou, de son haricot de mouton (un grand classique français), de ses coquilles Saint-Jacques à la crème de Lillet (grand apéritif typiquement girondin) garnies de semoule de couscous.

Préparation des poireaux en cuisine.
Daniel Gallacher : « J'aime travailler les bons produits d'artisans locaux, de saison, afin de faire découvrir, aux petits comme aux grands, les richesses de ce terroir ; »
En double page suivante :
Julien Cailleau, chef adjoint bordelais de Daniel Gallacher, en train de préparer un esturgeon de la Garonne.

DUBERN

DUBERN

Chacun connaît sûrement la célèbre maxime : « La critique est aisée mais l'art est difficile. » Même si elle est valable en permanence, elle s'applique particulièrement à la période qui suit.

Car Christian Clément n'échappe pas aux reproches. Un petit article de presse corrige le petit *Dubern*, au « décor astucieux et sympathique », mais au « service [qui], fort aimable quant au personnel, pêche un peu du côté des attentions qui rendent la vie ensoleillée ». Un autre s'en prend à l'accueil « aussi triste qu'une prison en Terre sainte ». « Aujourd'hui l'espace qui sépare l'attente de la carte et la prise de commande permet d'avoir une pensée émue pour Roland Flourens. [...] La seule chose qui n'a pas changé dans cette maison est le numéro de téléphone. Et pourtant *Dubern*, grand classique de la gastronomie, est aussi indispensable à Bordeaux que le zouave au pont de l'Alma. [...] Si le gratin policé y a son rond de serviette, c'est un peu par hasard, ou par habitude, ou parce que l'adresse est incontournable, ne serait-ce que pour faire plaisir aux amis de passage. » Sévère !

Trop sans doute, puisque le papier se fait plus conciliant, voire élogieux : « *Dubern* a adopté la couleur de son époque, on ne peut rester indifférent devant l'audacieuse transformation opérée par Christian Clément. Maison de caractère, bar à vins dans les caves, rez-de-chaussée contemporain chic et pas cher, du luxe partout à l'étage, un club au second, c'est impressionnant et superbe. [...] Inutile de parler de la cave, elle est à la mesure de la maison, on a envie d'y terminer ses jours. *Dubern* et Clément "même combat", l'adresse n'a pas changé, le monument est toujours debout, à force d'entraînement il retrouve la forme. »

Ces exemples montrent que, oui décidément, l'art est difficile, exigeant, passionnant. La sauce ne prend pas, la forme retombe. Christian Clément tient deux ans et demi environ. Il dépose le bilan en janvier 1988. La liquidation judiciaire est prononcée le 13 septembre suivant.

III. Dominique Train, Patrick Seguin : 1988-1991

Sortant sur le trottoir des allées de Tourny, imaginons que les portes de *Dubern* soient closes. Impossible, non ? C'est pourtant la triste réalité. Dans son *Bordeaux. A comprehensive guide to the wines produced from 1961-1990*, Robert M. Parker lui-même, le fameux dégustateur de vins, a salué « le considérable talent de la cuisine » de Christian Clément. Mais rien n'y a fait.

« La célèbre adresse n'était plus, désormais, qu'un pas de porte désert, triste comme un jour sans pain. *Dubern* ? On n'y pensait déjà presque qu'au passé. Ceux qui y avaient goûté avaient les papilles nostalgiques. Les autres s'en souvenaient comme d'un lieu fréquenté par les plus grands de ce monde et les bourgeois cossus[1]. »

En pages précédentes : « En concertation avec les deux chefs – cuisinier et pâtissier – nous avons entièrement repensé et réorganisé la cuisine afin d'offrir à la brigade un espace de travail clair et fonctionnel. »

Pierre et Isabelle Dupuy Schoell

L'alose façon Christian Clément

Aux orties et aux échalotes confites (avril 1986) : « Vider, écailler, laver et rincer l'alose. Blanchir les orties (500 g) fortement dans de l'eau salée. Cuire à feu doux les échalotes (300 g) dans la graisse (100 g de graisse d'oie) pendant 35 à 40 mn. Au moment de la cuisson (20 à 25 mn), disposer l'alose dans un plat allant au four, ciseler la chair, ajouter le vin blanc (1 verre de vin blanc sec), les orties, les échalotes, la crème (25 cl de crème fraîche). Cuire à four chaud (thermostat 8). Au moment de servir, ajouter l'aillet haché (1 botte d'aillets). »

Dominique Train, directeur commercial de Dubern. *Après le dépôt de bilan de Christian Clément, l'idée est de rouvrir une « brasserie de qualité ».*

En double page suivante :
Daniel Gallacher, le chef cuisinier de Dubern, *d'origine écossaise.*
« Ma cuisine reflète ma personnalité faite de rigueur, de technique et de créativité. J'ai une préférence pour travailler les poissons. Les possibilités sont sans limites, et le mariage des saveurs sans barrières. »

Préparation : Saint-Pierre, façon carbonara, gratin macaroni, vinaigrette à l'encre de seiche.

Il est néanmoins dit que Dubern ne sombrera pas comme ses illustres confrères, le *Chapeau-Rouge* ou le *Château-Trompette*. La nouvelle tombe le 20 avril 1989. Dominique Train, directeur commercial, veut faire de *Dubern* une « brasserie de qualité à dominante classique, avec bar et terrasse au rez-de-chaussée. Aux fourneaux officiera, alors, un tout jeune homme, Laurent Arhuero, 25 ans, que Dominique a découvert chez *Le Divellec*, à La Rochelle ». « Je veux respecter l'héritage, la qualité du cadre, mais aussi rendre cette maison accessible à un plus grand nombre », déclare l'exploitant.

Tout semble redémarrer, sur un rythme et dans un esprit différent. Dubern rouvre en juin, et revit.

Comment définir ce nouveau *Dubern* ?

Un bar, un menu accessible au premier étage (au décor inchangé) avec une cuisine classique, traditionnelle, une formule bistro au rez-de-chaussée, un salon de thé l'après-midi : tout est fait pour élargir la clientèle. Alors, comme l'écrit une plume : « Aujourd'hui, on va chez *Dubern* comme on va ailleurs... »

Dominique Train a laissé la place au gérant, Patrick Seguin, le chef Iglesias dirigeant le piano des cuisines ! Le restaurant paraît donc sur la pente ascendante. Et puis, et puis… Un incendie (encore !) détruit un immeuble rue Mably, hormis la façade. Le feu a aussi atteint l'immeuble de *Dubern*. Mais, cruel paradoxe, c'est le déluge ayant servi à l'éteindre qui frappe :

« Le feu n'a pas touché le restaurant. Seul, l'arrière de l'établissement a été frisé par l'incendie. Mais l'eau déversée par les pompiers s'est infiltrée partout et a paralysé le cœur de l'entreprise, à savoir la cuisine et les réserves. Patrick Seguin, le jeune gérant de la société, croyait que ce ne serait qu'un mauvais moment à passer. Mais plus il a progressé dans le bilan des dégâts, plus il s'est aperçu que cet incendie devenait un naufrage. "Pour moi, c'est dramatique", disait-il hier matin. "Ça ne fait qu'un an et demi que j'ai repris l'affaire. Ce n'était pas facile après une fermeture de plusieurs mois. Malgré cela, je me suis accroché, j'ai travaillé jour et nuit pour que l'établissement retrouve son image de marque. Et voilà qu'au moment où la clientèle redevient fidèle, tout s'effondre. C'est catastrophique". Car si au départ, on pouvait penser que huit jours de fermeture suffiraient pour éponger l'eau déversée, on constate aujourd'hui qu'il faudra plusieurs semaines de travaux pour remettre en état l'établissement[2]. »

Le chômage technique des dix employés est inévitable. « Si l'on ferme trop longtemps, nos clients iront ailleurs et il faudra tout reprendre à zéro », déplore le gérant. En effet…

Il faut des travaux colossaux et coûteux : fond de la cuisine détruit, sortie de secours donnant sur la rue Mably aussi, salons et salles d'accueil abîmés par la fumée, rez-de-chaussée inondé par les eaux des

pompiers, secteur pâtisserie et entreposage des marchandises à refaire. Patrick Seguin explore diverses pistes pour rouvrir. En vain. Dubern ferme une nouvelle fois !

Quatre mois plus tard, fin mars 1992, les meubles et la cave du restaurant sont vendus aux enchères. Autre cruauté du sort, cette vente pourrait être orchestrée par un(e) commissaire-priseur au nom familier, Monique Dubern, fille de « Monsieur Jacques ». Touchée par une peine plus que compréhensible, elle décline cette responsabilité : « Je n'ai pas voulu tenir le marteau ce jour-là. Monique Dubern, commissaire-priseur sur la rive droite, ne veut pas voir partir aux enchères les fauteuils, les tables, les vins... du restaurant *Dubern*, créé par son grand-père[3]. »

La vente a lieu tout de même :

« Patrick Seguin, le dernier occupant des lieux, n'a manifestement pas pu résister à ce coup dur. Il a déposé son bilan en septembre. Le redressement judiciaire a suivi, puis la liquidation de la société gérant l'établissement, prononcée le 28 janvier dernier par le tribunal de commerce. Demain mardi, dans l'ambiance pesante d'une vente aux enchères, les tables, les chaises, les assiettes, les couverts, le stock de vin, et tout le matériel de cuisine encore en état seront dispersés au gré des acheteurs. [...] Patrick Seguin affirme : "[...] C'est vrai qu'à l'époque de l'incendie, le chiffre d'affaires n'avait pas encore atteint le niveau idéal mais il progressait de façon rapide. Sans cette catastrophe, je suis sûr que j'aurais réussi." [...] Le gérant de la société, qui demeure aujourd'hui en Charente-Maritime, vit très mal cet échec. [...] Du même coup, le 42 des allées de Tourny paraît bien triste. Plus personne ne passe sous le dais qui porte toujours l'enseigne Dubern. Quant aux salles du premier étage, elles sont douloureusement silencieuses. À l'issue de la vente aux enchères, demain mardi, elles seront complètement vides. Qui succèdera[4] ? »

C'est la grande question.

La façade de Dubern en 1992.

IV. Un nouvel acteur : Hossein Aminian

En mai 1993, *Dubern* est (enfin) repris par un groupe de partenaires : le château de Fieuzal, les gérants du *Claret*, rue du Pas-Saint-Georges, et le domaine de Chevalier à Léognan. Une forte connotation « vin », pour que le nouveau restaurant, ou plutôt la brasserie, propose des nectars à des prix abordables. La cuisine est aux mains d'Alain Dalongeville, qui a travaillé dans de grandes brasseries parisiennes, secondé par Joël Robuchon. Le service et les serveurs seront soignés, et l'ouverture prévue en juin. Et puis, et puis encore... La roue tourne !

Fin 1994, un nouvel acteur surgit sur la scène, qu'il va animer, avec d'autres, pendant une douzaine d'années. Arrivé à Bordeaux environ

Christophe Girardot, qui a travaillé chez Guérard, prend les rênes des cuisines à la réouverture de Dubern fin 1995.

quinze ans auparavant, pour fuir la révolution islamiste d'Iran, il a appris le français et ouvert un atelier de restauration de tapis et de tapisseries réputé : « Hossein Aminian reste volontairement discret sur le sujet, mais c'est bien lui qui est en passe de devenir le principal actionnaire du restaurant *Dubern*, aux côtés de Gérard Gribelin [propriétaire du château Fieuzal]. "Les Bordelais m'ont appris à aimer le vin, j'espère leur apprendre à aimer le caviar", confesse-t-il. Le célèbre restaurant des allées de Tourny ne rouvrira pas ses portes avant le mois de décembre pour cause de travaux et de transformations. La conviction de Hossein Aminian est que "*Dubern* doit redevenir *Dubern*". Pas question, donc, de faire une brasserie dans ce lieu qui est inséparable du patrimoine gastronomique de Bordeaux. Le nouveau *Dubern* sera une table prestigieuse, les décors rattraperont son histoire. On y dégustera du caviar, du foie gras, du saumon fumé et on y servira de la cuisine haut de gamme[5]. »

Le ton est donné, la messe est dite.

Gérard Gribelin, estimant avoir trop investi à perte, ferme *Dubern* au mois d'août 1994. L'attente commence, car en janvier 1995, aucun repreneur n'est officiellement annoncé. Mais Hossein Aminian est toujours là : « Il veut refaire de *Dubern* une grande maison en renouant avec son passé prestigieux. » Le seul moyen de sauver la maison, estime-t-il. Les travaux démarrent même en août ! Hossein Aminian a rencontré un architecte d'intérieur parisien, Daniel Bern [qui a refait le *Lucas Carton*], qui partage sa conviction et va s'efforcer avec l'aide de Bernard Mazières, architecte bordelais, de retrouver l'histoire et l'âme de cette maison. [...] Refaire *Dubern* à l'identique, c'est retrouver l'épicerie fine et le bar qui existaient à l'époque, c'est privilégier l'éclat des produits et de la table pour une clientèle qui sait les apprécier et qui sait aussi les payer[6]. »

Pendant ces travaux, la façade est recouverte d'une toile de dix mètres de hauteur. Le peintre Michel Brosseau y a réalisé une écrevisse géante, l'emblème absolu de Dubern ! Tout début novembre, on peut déjà réserver pour goûter la cuisine de Christophe Girardot.

Ce démarrage en trombe est un succès.

« Il aura fallu attendre que les grands chefs s'intéressent à nouveau au poulet rôti et que Philippe Sollers préface *la Cuisine bordelaise* pour que *Dubern* retrouve ses atours. On rejoindra donc, dès lundi, quelque chose de familier, avec, dans l'entrée, une épicerie fine en place, et à l'étage, trois salons parés de leurs superbes boiseries, élégamment restaurés, tout en déclinaisons de vert, d'ocre et de dorures. La question primordiale reste cependant celle de la cuisine et de sa mise en scène. [...] Répondre à l'attente d'une clientèle qui risque d'avoir des idées sur le paradis perdu nous paraît être un challenge diablement risqué. Les écrevisses sont de nouveau à la carte, dans leur véritable recette, attestée par Jean-Jacques Dubern lui-même. Simplement, pour plus de

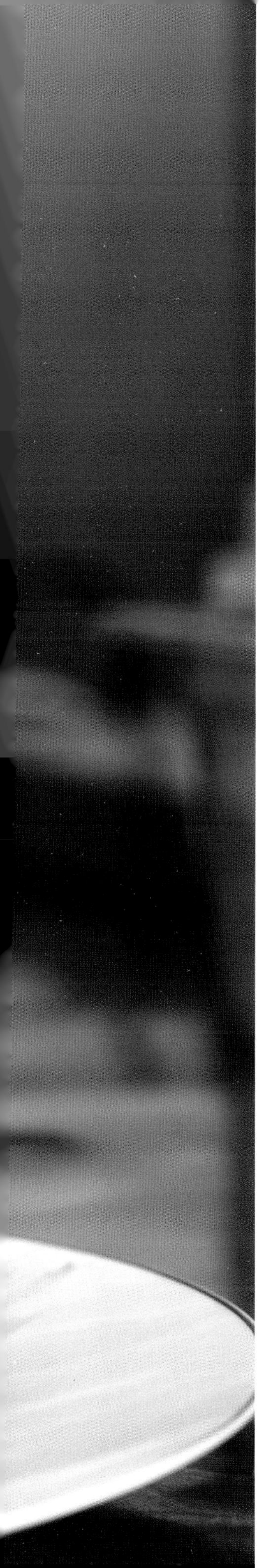

commodité, les queues sont décortiquées. La sauce a peut-être gagné en puissance et en légèreté, question de mode. [...] Au-delà de ces plaisirs tarifés à des prix actuels, on peut porter un regard interrogatif sur l'entreprise. Suffira-t-il pour que les Bordelais renouent avec l'enseigne de rassembler sur une carte quelques grands standards de la cuisine du *Dubern* de la légende et d'y mêler habilement quelques plats cuisinés de-ci, de-là chez les étoilés ? [...] D'autre part, la maison semble sans véritable pilote, et la grande restauration ne s'improvise pas. Cette entreprise demande une attention de tous les instants, un contrôle de tous les rouages, de tous les gestes, pour qu'à chaque étape la machine fonctionne sans que le client n'entende le bruit du moteur. À ce stade d'exigence, les meilleures intentions du monde ont absolument besoin d'être relayées par un professionnalisme de haut niveau. On est ici comme en Formule 1 : les financiers demandent essentiellement des résultats, il ne leur viendrait pas à l'esprit de remonter les bretelles aux mécanos ou de tempérer les pilotes, en somme de diriger l'écurie[7]. »

Le jour de l'inauguration officielle, le 19 janvier 1996, le maire de Bordeaux, Alain Juppé, coupe le ruban : à l'intérieur, tout est complet et, à l'extérieur, c'est la cohue.

Le *Petit Dubern,* plus accessible, a aussi droit à quelques lauriers.

« J'ai retrouvé dans l'établissement actuel, en toutes choses, la tradition de l'ancienne maison. Ce compliment écrit d'une Bordelaise ayant fréquenté *Dubern* du temps de sa renommée est le meilleur encouragement que pouvaient recevoir Hossein Aminian et son équipe. Cinq mois ont passé depuis l'ouverture du célèbre restaurant des allées de Tourny et il apparaît que le choix de vouloir retrouver *Dubern* et son histoire n'était pas un mauvais choix [...] La création du *Petit Dubern* participe de cette volonté de démocratiser l'établissement et de le rendre accessible. Il s'agit ici d'un espace brasserie qui a moins de prestige que le restaurant mais qui est confortable et soigné.

La cuisine de Christophe Girardot est égale et le service d'Olivier et d'Emmanuel, deux pros de la salle formés dans les grandes maisons à Paris, est aussi attentionné que dans les salons classés[9]. »

Certes, le service est léché, le guéridon a été réhabilité, la hiérarchie de la salle est respectée, entre garçons et maître d'hôtel. Cela peut-il suffire ?

En tout cas, c'est un « signe », en mars 1997, *Dubern* retrouve le guide rouge *Michelin* avec trois fourchettes.

Michel Gautier a remplacé Christophe Girardot aux fourneaux. Il peut aussi faire étalage de tous ses talents, notamment auprès de douze étudiants californiens venus se régaler en juillet. Il leur concocte et leur donne la préparation d'une de ses spécialités : la tarte au chocolat...

Daniel Gallacher mettant la dernière main à une recette.

Du côté de l'épicerie fine, en revanche, ça ne va pas fort. Émanation du passé, comme le bar, elle ferme. La restauration règne désormais en maître. Bordeaux n'est plus au temps des Trente Glorieuses et des non moins glorieux frères Dubern. Les porte-monnaie non plus. Il faut donc avancer, inventer encore, ou réinventer. En tout cas, Hossein Aminian décide de changer. Aucun des chefs n'a réussi à s'imposer. Le 10 décembre, Michel Gautier s'en va, ainsi que sa femme Kinette, sommelière.

RESTAURATION

Philippe chez Dubern

Philippe Téchoueyre sera à la rentrée chez Dubern, où il a déjà un œil

JACQUES BALLARIN

Philippe Téchoueyre aura longuement mûri sa décision. Au mois de janvier dernier (« Sud-Ouest » du 15 janvier) nous faisions état de sa possible association avec Hossein Aminian, le propriétaire du restaurant Dubern. Les deux hommes qui se connaissent depuis vingt ans et qui s'apprécient avaient eu des contacts très avancés en vue de la reprise de la célèbre adresse des allées de Tourny par Philippe. Mais rien n'avait été conclu au point qu'on pouvait croire alors que Philippe Téchoueyre n'avait pas complètement renoncé à suivre François Richon qui convoitait le Noailles. Cinq mois ont passé, Philippe Téchoueyre et Hossein Aminian, qui n'avaient pas rompu le dialogue, sont maintenant tombés d'accord.

Philippe sera chez Dubern à la rentrée (Photo « Sud-Ouest »)

« CONFIANCE TOTALE »

Philippe s'installera à la rentrée chez Dubern où il a déjà un œil. Deux de ses cuisiniers, dont Patrick Solé — il a été le chef du Jardin des arts à Bordeaux et celui de chez Irène au Canon — officient sur les allées de Tourny. La carte a été mise en place par Philippe et le poisson y occupe une place privilégiée : cabillaud au safran, fricassée de la mer à l'ail, sole grillée, pot au feu de la mer, rougets grillés tapenade, filet de sole au poivron, dorade façon carpaccio, salade de lotte au gingembre, saumon unilatéral aux épices douces, la clientèle a le choix et elle aime. Philippe n'a pas tardé à imprimer sa marque personnelle en

Hossein Aminian ne dissimule pas son plaisir de voir arriver Philippe. « *J'ai une confiance totale. Je suis sûr qu'il réussira. Dubern sera tel qu'il le voudra. Je vais pouvoir enfin me consacrer à 100 % à mon travail qu'est l'expertise et la restauration des tapis et des tapisseries.* » Il ne cache pas qu'il faut que Dubern décolle une fois pour toutes jugeant insuffisants les résultats obtenus au regard des investissements mis dans sa réouverture au mois de mai 1995 et depuis dans son exploitation.

« UNE BRASSERIE DE LUXE »

mon ambition est de refaire de Dubern une référence à Bordeaux », confie Philippe Téchoueyre qui est conscient qu'il ne pourra pas faire les choses à moitié. Que deviendront le restaurant Philippe de la place du Parlement et le restaurant Chez Irène au Canon ?

Il faudra, à l'évidence, tourner la page. Cet été, Philippe se partagera entre les trois adresses mais, à partir du mois de septembre, il sera en permanence chez Dubern.

S'il entend changer la cuisine (le mouvement est amorcé) il entend aussi modifier le décor en créant « *du XVIIIe contemporain* ». Les

actuelle figée et conventionnelle. Philippe explique que Dubern « *sera une brasserie de luxe dans laquelle il sera possible de manger* **aussi bien à 100 francs qu'à 400 francs** ».

« *Pour rentabiliser Dubern et pour y amener du monde on doit y servir et du homard et des plats canailles comme le petit salé aux lentilles* », estime Philippe Téchoueyre qui annonce la création d'un bar de luxe réservé à la clientèle (au rez-de-chaussée), la présence à l'entrée de la brasserie d'un écailler et qui prévient que le cadre « *dans un espace plus grand sera aussi intime que Chez Philippe place du*

Juin 1998 : Philippe Téchoueyre arrive chez Dubern.

V. Philippe Téchoueyre : 1998-2000

Une nouvelle arrivée se profile en janvier suivant. Du moins au conditionnel. Celle d'un autre grand professionnel, une référence, la « perle » que cherchait Hossein Aminian :

« Philippe Téchoueyre est un restaurateur qui a réussi à séduire le Tout-Bordeaux dans son établissement hors norme de la place du Parlement-Sainte-Catherine. Ouvert en 1968, *Chez Philippe* reste l'adresse incontournable pour qui souhaite savourer de délicieux poissons et crustacés dans un cadre très chaleureux inspiré de l'océan. Succès également pour son second restaurant *Chez Irène* ouvert l'été au Canon sur le bassin d'Arcachon[10]. »

Va-t-il venir ? Il faudra attendre six mois pour savoir.

En juin 1998, après mûre réflexion, Philippe Téchoueyre, qui connaît Hossein Aminian depuis près de vingt ans, s'engage. Deux de ses cuisiniers sont dans la place. Il aménage une terrasse pour les beaux jours. La carte est gourmande de poissons, tandis qu'Aminian espère que *Dubern* « décolle » enfin. Alors il donne carte blanche à ce partenaire qui veut « refaire de *Dubern* une référence à Bordeaux » :

« S'il entend changer la cuisine (le mouvement est amorcé) il entend aussi modifier le décor en créant "du XVIIIe contemporain". Les salons auront une identité forte, les fleurs, les glaces, les éléments marins, bouleverseront la physionomie actuelle figée et conventionnelle. Philippe explique que *Dubern* "sera une brasserie de luxe dans laquelle il sera possible de manger aussi bien à 100 francs [15 € de l'époque] qu'à 400 francs". [...] Il annonce la création d'un bar de luxe réservé à la clientèle (au rez-de-chaussée), la présence à l'entrée de la brasserie d'un écailler[11]. »

Le message est limpide, ce qui nécessite, pour Philippe, de se défaire de ses deux autres restaurants. L'effet d'aspiration semble probant. Car « la cave va accueillir une galerie d'art et une salle pour les séminaires. Mais avant même ces changements, *Dubern* a déjà retrouvé une clientèle. En juin, l'établissement réalisait 120 couverts par jour contre une dizaine dans les mois précédents...[12] » Un très beau panorama, sur le papier.

RESTAURATION

Philippe quitte Dubern

Philippe Téchoueyre quitte Dubern. Destination probable, le café du Port

JACQUES BALLARIN

« *Philippe est parti. Il voulait acheter Dubern avec des amis. Je ne veux pas vendre Dubern.* » Hier après-midi, Hossein Aminian, le propriétaire du célèbre restaurant des allées de Tourny, à Bordeaux, expliquait ainsi le départ de Philippe Téchoueyre. Soulignant : « *Je remercie Philippe pour le travail qu'il a effectué. Il a contribué à requalifier Dubern, il s'en va mais il reste un ami.* » De fait, Philippe — il était arrivé en octobre 1998 — aura été l'artisan du renouveau de Dubern.

Nouvelle cuisine, nouvelle ambiance, nouveau décor, en quelques mois il mit sur orbite Dubern et en fit l'une des adresses les plus courues de la ville. Mais tout cela n'aurait pas été possible si M. Aminian, après les déboires rencontrés par les derniers repreneurs de Dubern, Gérard Gribelin et Olivier Bernard, n'avait osé relever le défi de la continuité du restaurant fermé depuis un an et demi et qui eût pu devenir une banque ou un commerce (1).

Cela lui en coûta financièrement jusqu'à l'arrivée de Philippe. Conscient que la pérennité de Dubern passe par une solution ambitieuse, M. Aminian a actuellement des contacts avec un chef étoilé au guide Michelin (trois étoiles), dont il tait volontairement le nom, pour mettre en place un partenariat marquant. C'est en tout cas ce qu'il assure.

PHILIPPE AVEC FRANÇOIS RICHON

lait effectivement racheter Dubern après s'y être beaucoup investi et lui avoir redonné des couleurs. Rien de conclu encore, la destination probable de Philippe, toujours propriétaire du restaurant qui porte son nom place du Parlement, est le café du Port, quai Deschamps, rive droite.

Cet établissement créé par Jean-Dominique Gracia a été vendu au mois de juillet dernier à Bertrand Delhomme et à Jean-Jacques Dupont, deux investisseurs dans l'hôtellerie et la restauration, principalement actifs sur le bassin d'Arcachon.

On y mangeait banalement, les prix n'étaient pas criminels et la Garonne faisait le plein de convives.

Au point qu'en une année le chiffre d'affaires fut de 12 millions de francs. Pour tirer le restaurant vers le haut (et les prix aussi, sans doute), Bertrand Delhomme et Jean-Jacques Dupont ont choisi François Richon et Philippe Téchoueyre, se rappelant que le tandem avait fait du Jardin des arts, près du parc Bordelais, une des meilleures adresses gourmandes de Bordeaux.

Hier, cependant, Philippe indiquait que, dans l'immédiat, il se bornait à donner un coup de main à son ami François Richon. Mais il n'excluait pas une nouvelle association.

(1) Hossein Aminian a investi 5 millions de francs dans le restaurant Dubern depuis sa reprise. Restaurateur de tapis et de tapisseries réputé, il a, à Bordeaux, le restaurant les Ploucs et le restaurant la Côte de bœuf, rue des Faussets, et il a racheté le restaurant

Philippe quitte Dubern. Destination probable, le café du Port
(Photo Thierry David)

L'ouverture de la brasserie du Grand-Théâtre

■ La brasserie du Grand-Théâtre devrait ouvrir normalement le 10 novembre prochain. Les travaux de restauration des décors peints de Burguet ne sont pas loin d'être terminés. Hier, Jean-Christophe Parinaud, repreneur de la brasserie avec Laurent Courbu, indiquait qu'il recherchait un chef apte à faire une cuisine « de brasserie haut de gamme plus que gastro ». Et que les

la salle avec les colonnades de la brasserie du Grand-Théâtre, 40 seront servis au sous-sol dans la salle d'hôtes et les trois salons privés.

Par ailleurs, Jean-Dominique Gracia annonce l'ouverture du bistro Utopia, dans le cinéma du même nom, place Camille-Jullian, pour début octobre. La restauration annoncée est une restauration légère de qualité, des petits

Septembre 2000 : Philippe Téchoueyre quitte Dubern *après avoir souhaité le racheter.*

Comme le titre *Sud Ouest* en octobre 1998 : « Nouvelle cuisine, nouveau décor, nouvelle ambiance, Philippe Téchoueyre revisite *Dubern*. Un régal et un événement. » Avec Patrick Solé aux cuisines, et Sébastien Bouillon au département pâtisserie, il s'agit de « préserver l'intimité [une part de son succès] de chacun, être seul parmi beaucoup de monde ».

« Voici une idée forte. Philippe l'a joliment mise en musique. Par des touches personnelles, par une connaissance quasi intuitive [indispensable !] de ce qui est bien et de ce qui ne l'est pas. [...] Il a "réécrit" *Dubern* en y transportant des objets de *Chez Irène*, des potiches, des tableaux, des nasses à anguilles, une barque, un esclave nègre [!] en bois, en y dressant des grandes plantes vertes, en créant au rez-de-chaussée un bar en alu qui donne l'impression d'exister depuis toujours, en grattant les boiseries vernissées des salons, en déployant ici une branche de bougainvillée, en accrochant là des grappes de palmier. »

La primauté du poisson perdure grâce à un ingrédient indispensable à la réussite de tout lieu public : une âme. « Outre le décor, plutôt réussi, sérieusement remanié sans abattre les murs et la présence d'un banc d'écailler, les grands changements viennent de l'ambiance générale de la maison, service compris, mais aussi du contenu des assiettes[13]. »

Et aussi un supplément d'âme, ce qui ne peut qu'ajouter au charme... :

« Depuis l'arrivée de Philippe, la célèbre adresse des allées de Tourny a retrouvé toutes ses couleurs et elle est en train d'en apprivoiser d'autres, picturales celles-là. [...] Philippe a eu l'idée de mettre à leur disposition [des artistes] une cave aménagée au sous-sol de chez *Dubern*. Pas de location à payer, c'est cadeau, en échange, la cave, en pierre et climatisée, salon et galerie, vit et devient un centre d'intérêt pour le public du restaurant encouragé à la visiter et à découvrir l'exposition qui l'anime et l'embellit. En attendant une table ou en la quittant[14]. »

Tout cela sent bon le succès durable.

Pourtant, une fois de plus, l'aventure va s'interrompre, et la passion de Philippe Téchoueyre n'a pas suffi. En septembre 2000, il souhaite racheter le restaurant, Hossein Aminian refuse. Il part. Une autre page du grand livre se tourne :

« Philippe aura été l'artisan du renouveau de *Dubern*. Nouvelle cuisine, nouvelle ambiance, nouveau décor, en quelques mois il mit sur orbite *Dubern* et en fit l'une des adresses les plus courues de la ville. [...] Conscient que la pérennité de *Dubern* passe par une solution ambitieuse, M. Aminian a actuellement des contacts avec un chef étoilé au guide Michelin (trois étoiles), dont il tait volontairement le nom, pour mettre en place un partenariat marquant. C'est en tout cas ce qu'il assure[15]. »

En homme d'affaires averti, Hossein Aminian, lui, conserve ses autres adresses « gastronomiques ». En 1996, par exemple, il a ouvert, dans le quartier Saint-Pierre, un établissement volontiers franchouillard et campagnard à l'ancienne, au nom évocateur : *Chez les ploucs*.

VI. Philippe Gauffre : 2003

Ou quand un Philippe remplace l'autre. Le départ du premier, Philippe Téchoueyre, n'arrange pas *Dubern*, qui va poursuivre son existence cahin-caha. Une période de trois ans et demi, qui aboutit au nouveau choix d'Hossein Aminian, en quête d'une autre tête d'affiche.

Pendant ce temps, début 2002, le second Philippe (Philippe Gauffre) est contraint, pour des raisons financières, de liquider son restaurant, *Les Plaisirs d'Ausone*, rue Ausone. Ce chef passionné, décoré d'une étoile au Michelin, régalait pourtant les Bordelais depuis quatorze ans, et affichait très souvent complet. En janvier 2003, après s'être remis de la fermeture, il s'entend avec Hossein Aminian. Le temps de s'adapter à l'endroit, de prendre ses marques, il va présider aux destinées de *Dubern*. Heureusement, car, avant son arrivée, « la situation était devenue peu reluisante, au point que son propriétaire envisageait de transformer le restaurant en galerie d'art. [...] Philippe Gauffre [...] avait besoin d'un nouveau challenge. Avec Nicole, son épouse, professionnelle de la salle, ils ont carte blanche pour mener à bien l'œuvre de requalification. Elle est en marche : les Bordelais ne s'y trompent pas, ils commencent à retrouver le chemin de l'institution des allées de Tourny[16] ».

Il faut s'adapter aussi aux nouveaux comportements, aux mentalités, au potentiel économique (désormais en euro) d'une clientèle gourmande. Philippe Gauffre invente : « L'époque a changé, le service n'est plus classe luxe et les manières de table sont moins policées. Philippe Gauffre a une double démarche : il propose une cuisine bistro d'auteur à petit prix (15,25 euros) renouvelée tous les jours (une entrée, un plat, un dessert, un verre de vin, un café), et il sert une cuisine gastronomique. La première fait le plein le midi, la seconde, encore confidentielle, ne tardera pas à être reconnue. L'ambition est de reconquérir l'étoile, il en a l'étoffe[17]. »

Va-t-il l'obtenir ?

Malheureusement, Philippe Gauffre n'aura pas d'étoile chez *Dubern*...

Et après six mois d'entente, les relations se dégradent entre les époux Gauffre et Hossein Aminian, qui décide de rompre le 3 décembre 2003. Il faut repartir en campagne, trouver une nouvelle « pointure », ce qui commence à faire beaucoup.

VII. Retour de Philippe Téchoueyre

Alors Philippe Téchoueyre revient. Le journaliste gastronomique Jacques Ballarin en profite pour tracer le portrait de cet homme qui, fin 2005, ajoute son prénom à l'enseigne, *Philippe chez Dubern* :

« Le préféré des Bordelais. Avec Jean-Marie Amat, Philippe Téchouyere est l'artiste-cuisinier préféré des Bordelais. [...] Il cohabitait

Assiette prête au service :
Thon albacore mi-cuit et ris de veau à la citronnelle. Ventrèche croustillante et jus de volaille acidulé.

alors avec le tailleur, le garagiste, la laverie, le café-théâtre, le panetier. Il voulait être pilote de ligne mais la vie en décida autrement : après le décès de son père, il dut aider sa mère, Irène, restauratrice au Canon, sur le Bassin, qui le forma à l'art de transcender le poisson et dont il perpétua de nombreuses années durant l'exemple et la mémoire. À l'aube des années 1970, la restauration bordelaise n'avait pas bonne presse. On disait que pour avoir pignon sur rue, il suffisait de savoir griller une entrecôte et que les Bordelais étaient fâchés avec la gastronomie et le poisson. Place du Parlement, Philippe se détourna des grillades et rendit aimables le cabillaud, la sole, les rougets, la dorade, la lotte, le homard, les langoustines… Sa réputation était acquise, son tour de force – ses qualités d'esprit et de cœur y sont pour beaucoup – est la longévité de cette réputation à laquelle est attaché un capital de sympathie sans égal à Bordeaux. Cette aura personnelle et professionnelle explique les sollicitations qui n'ont pas toujours facilité la vie de Philippe, partagé entre le désir de faire plaisir à tout le monde et l'envie d'être lui-même. La dernière en date – elle se termine – aura été l'expérience du *Café Maritime* et de *la Dame de Shanghai* (il y eut auparavant l'expérience du *Café du Port*). Coller à l'époque. Par un retour de l'histoire, qui apparaît comme un clin d'œil, Philippe Téchoueyre investit aujourd'hui une des tables les plus anciennes et les plus prestigieuses de Bordeaux. […] Ses salons feutrés et classés et sa brasserie contemporaine méritent mieux que l'indifférence actuelle.

Ils ont besoin d'une énergie nouvelle. Philippe, à l'évidence, est le mieux placé pour les revisiter. La démarche ne sera ni muséale, ni archéologique; l'ambition est de coller à l'époque et de toucher un public large[18]. »

Tous les témoins parlent de lui avec tant d'empathie, de sympathie, d'amitié pour certains. En janvier 2007, *Dubern* est en deuil, la gastronomie bordelaise aussi. Roland Flourens, qui a tant fait pour la magnifier, vient de s'éteindre, à 78 ans.

Au célèbre restaurant, Philippe Téchoueyre continue de recevoir des célébrités, comme François Bayrou, qui, le mois suivant, y parle de sa position de candidat à la présidentielle qui se profile. *Dubern* doit pourtant assumer un autre deuil, celui d'un vivant cette fois. En juillet, Hossein Aminian se retire – sans doute nostalgique, il continue aujourd'hui de se réclamer de la prestigieuse enseigne. Sa motivation : on ne peut s'occuper d'une affaire qu'en s'y consacrant à 100 %. Il va donc s'investir pleinement dans son métier d'expert et de restaurateur (de tapis et tapisseries, s'entend). Il faut dire qu'il n'était plus le seul actionnaire. *Dubern* change à la rentrée :

« Les allées de Tourny vont devenir les Champs-Élysées de Bordeaux, les cinoches en moins. Les brasseries poussent comme des fleurs au printemps [...]. Depuis le départ d'Hossein Aminian, principal actionnaire du restaurant, au début de l'été, de nombreuses questions restaient en suspens. Qui allait reprendre l'affaire et pour en faire quoi ? Seulement voilà : Hossein Aminian partageait les actions de *Dubern* avec Philippe Téchouyere, le chef, Didier Cazabonne et Jean-François Lhérété. [...] Puis, durant l'été, l'association a gagné deux nouveaux venus : Frédéric Dorbes, styliste de robes de mariée, et Bruno Oddos, un Toulousain "inventeur de concepts de restaurants".

Philippe garde son second étage en l'état. Là-haut est son domaine. "Je vais me spécialiser dans le poisson, c'est ce que je connais et domine le mieux, affirme-t-il. Je m'associe à un jeune cuisinier qui, lui, proposera une autre version de la cuisine de la mer. Mais j'ai envie de revenir aux fondamentaux d'une gastronomie régionale. Les gens en redemandent..." Au premier étage, désormais, les clients plus jeunes pourront se retrouver dans un bar lounge à l'américaine. Canapés profonds, tables basses modulables. On viendra y dîner ou seulement boire un verre. Un DJ maison sera présent. [...] Au rez-de-chaussée, esprit contemporain, design moderne pour une brasserie chic et simple[19] . »

Ci-contre :
En 2003, Philippe Gauffre et son épouse.

Notes

1. Sud Ouest *20/4/1989.*
2. Sud Ouest *30/10/1991, Jean-Paul Vigneaud.*
3. Sud Ouest, *30/3/1992, « À la table des grands », Annie Larraneta.*
4. Sud Ouest, *30/3/1992, « Les meubles aux enchères », Jean-Paul Vigneaud.*
5. Sud Ouest *21/10/1994, « Du caviar chez Dubern », Jacques Ballarin.*
6. Sud Ouest *04/8/1995, « Du caviar pour Dubern ».*
7. Sud Ouest dimanche *19/11/1995, « En retournant chez Dubern », Alain Aviotte.*
8. Sud Ouest *1er/2/1996, Jean-Paul Vigneaud.*
9. Sud Ouest *5/4/1996, « Le Petit Dubern de table en table », Jacques Ballarin.*
10. Hôtellerie Restauration, n° 2590, 3/12/1998.
11. Sud Ouest *11/6/1998, « Philippe chez Dubern », Jacques Ballarin.*
12. Hôtellerie Restauration, n° 2590, 3/12/1998.
13. Supplément Femina de Sud Ouest dimanche *17/1/1999, Alain Aviotte.*
14. Sud Ouest *5/11/1999, « Les couleurs de Dubern », Jacques Ballarin.*
15. Sud Ouest *13/9/1999, « Philippe quitte Dubern », Jacques Ballarin.*
16. Sud Ouest, *8/6/2003, « Le renouveau de Dubern », Jacques Ballarin.*
17. Sud Ouest, *8/6/2003, « Le renouveau de Dubern », Jacques Ballarin.*
18. Sud Ouest, *15/1/2004, « Dubern sans Gauffre », Jacques Ballarin. Photo de Nicole et Philippe Gauffre.*
19. Sud Ouest, *8/9/2007, « Dubern fait coup double », Isabelle Castéra.*

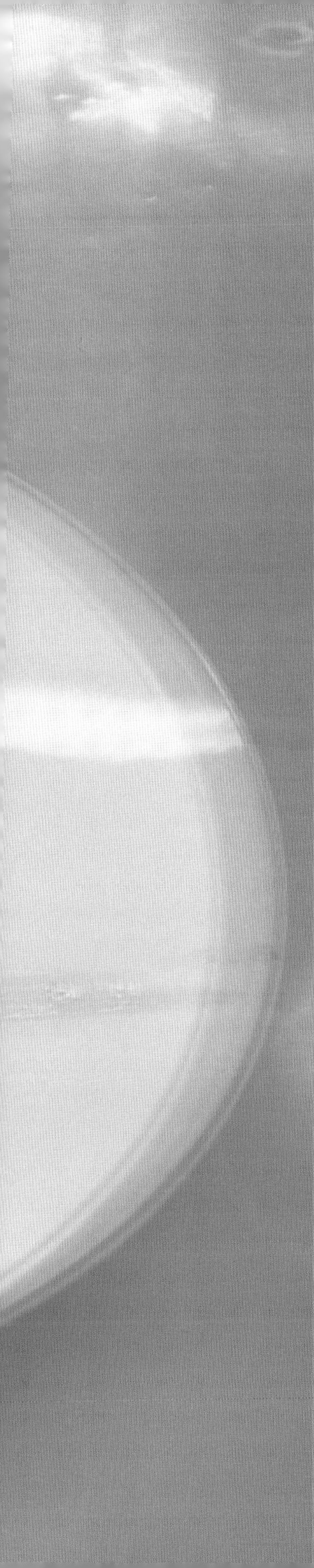

La vie neuve

2008-2013

En page précédente :
Coque en chocolat noir renfermant une gelée au Get 27, un disque de praliné croustillant et quelques gouttes de Ricqlès. Sur le dessus, une écume glacée mentholée au Get 27, des empreintes de pâte d'amande et un gel Get 27/Ricqles, des feuilles d'argent pour le côté « froid glacial ».

« Les cuisines ont totalement été remises à neuf. Du sol au plafond, nous avons tout refait en accord avec les chefs. Une porte automatique permet l'accès à la pâtisserie, pièce désormais réfrigérée. »

Pierre et Isabelle Dupuy Schoell

Aleksandre Oliver, chef patissier chez Dubern*. Issu de l'illustre lignée des Oliver, il développe une pâtisserie ludique et inventive : « Ma spécialité, les desserts à l'assiette, le travail des fruits frais, le dressage, la mise au point de nouvelles recettes. »*

Ici, la préparation d'une crème légère à la griotte parfumée au kirsh pour la mise en place des cafés gourmands.

I. La vie neuve

Avant d'en arriver à la *Maison Dubern* de cette fin 2013, quelques années vont encore passer.

En septembre 2010, l'établissement va à nouveau changer de main, puis de visage, pour retrouver ses racines et commencer une vie neuve !

« Vous avez aimé Philippe Téchoueyre place du Parlement, vous l'adorerez allées de Tourny, où il a revu *Dubern* en version moderne. La cuisine est bordelaise, nouvelle vague, mais sans excès. Ce fils du Cap-Ferret, Bordelais de cœur, anime la demeure avec allant. L'ardoise du midi propose, au rez-de-chaussée, revu avec ses banquettes hautes rigolotes, des choses simples et bonnes, comme l'œuf poché provençale, le feuilleté du mareyeur au safran (cabillaud et merlu) ou l'épaule d'agneau farcie aux haricots blancs, avant la tarte aux pommes. Que du bonheur à petits prix[1] ! »

Avec une telle aura, comment *Dubern* n'est-il plus entre les mains de « Philippe » ? Parce que des choix, indépendants de son talent, de sa réputation, de sa volonté, vont donner à l'adresse des allures tristes. Un bar sans envergure, qui finit par rebuter les clients fidèles. Deux témoins vont vous l'expliquer.

Ils sont tellement inséparables qu'ils ont été surnommés « les Dupont » ! Jean-Charles Saint-Germain et Jean-Luc Crassat sont entrés chez *Dubern*, le premier en 2004, le second en 2006. S'ils ont accepté de témoigner, ensemble, c'est parce qu'ils sont attachés à cette maison. Autre raison, de taille : ils connaissent Philippe Téchoueyre depuis de nombreuses années. Ils l'accompagnent donc dans son retour, six années d'étroite collaboration. Laissons-les parler (presque) d'une même voix :

« Philippe est le premier à avoir ouvert un restaurant de poissons à Bordeaux ! Il compte parmi les grands de l'époque, avec Garcia et Amat par exemple. Et puis c'est un vrai "monsieur". Pour lui, j'ai (Jean-Luc) travaillé *Chez Irène*, au Canon, et *Chez Philippe*, place du Parlement, où je (Jean-Charles) travaillais aussi, à *L'Ombrière* ! C'est vous dire. Il a conservé un tissu de relations phénoménal. Parce que Philippe Téchoueyre est un immense professionnel, un cuisinier hors pair, et en plus un homme génial. Il a fait énormément pour la grande cuisine bordelaise, et il mériterait qu'on lui consacre un livre ! »

Chez *Dubern*, Jean-Charles, maître d'hôtel de la brasserie, et Jean-Luc, maître d'hôtel du gastronomique, avec une spécialité de sommelier, adorent leur métier, c'est évident. Ils en parlent avec passion, comme de la cuisine de Philippe, ou de la clientèle. Celle de véritables fidèles, souvent de longue date :

« Quand il est revenu, le restaurant s'est remis à marcher. Le monde revenait. Il a redressé l'affaire. On faisait beaucoup de couverts. On recevait de grandes personnalités, qui appréciaient la simplicité, comme Alain Juppé. L'après-midi, Philippe enlevait à la pince à épiler les arêtes des aloses ! Vous vous rendez compte ? On avait les premiers oursins, les premiers belons. Les poissons étaient d'une fraîcheur et d'une qualité fabuleuses. »

II. ENTRETIEN AVEC PHILIPPE TÉCHOUEYRE

La mère Poulard, la mère Blanc ou la mère Brasier ont marqué l'histoire de la cuisine française. Au Canon, sur le Bassin d'Arcachon, Madame Irène, la mère de Philippe Téchoueyre, a aussi sa part de gloire. Et lui la sienne. Il nous raconte :

« Irène était tellement connu que les gens pensaient que je m'appelais Philippe Irène ! Ils me disaient : "Bonjour Monsieur Irène", et je répondais : "Non, c'est Philippe, appelez-moi par mon prénom." C'était amusant. Et mon prénom est resté.

Mes parents se sont rencontrés au Canon. Ma mère, qui venait de Dordogne, a décidé de rester. Mon père, un homme costaud, était ostréiculteur, navigateur, pêcheur : "Pourquoi elle n'ouvrirait pas un restaurant puisqu'elle fait si bien la cuisine", lui disaient ses clients et ses amis. Elle l'a donc fait, en 1938-1939. Comme ils n'avaient pas beaucoup d'argent, ils ont bricolé un espace chez eux, avec des barriques, et tout ce qu'ils trouvaient.

Ensuite, mes parents ont gagné un peu d'argent et, petit à petit, Irène a monté son fonds de commerce. Elle a créé une ambiance très "taverne", et de qualité. C'était la première à faire des bars au raisin, à servir la bouillabaisse et des dorades au raisin frais. Les habitués étaient devenus des amis, comme Jean Cocteau, qui habitait à côté, et des peintres locaux, Carrère, Vallet, Hugon, qui lui avaient fait des grands panneaux. De mon côté, j'avais fait des études pour être pilote de ligne. Mais, en tant que fils de restaurateur, je passais toutes mes vacances à travailler avec ma mère, qui m'a transmis son savoir. Et voilà !

Quant à *Dubern*, on était clients, une sorte d'échange entre restaurateurs – je connaissais très bien Monique Dubern, la fille de Jean-Jacques –. Je revois l'épicerie du rez-de-chaussée, la cascade et les écrevisses, l'escalier qui montait à l'étage, au restaurant. La salle de l'entresol n'existait pas, puisqu'elle a été créée par Christian Clément.

J'ai créé *Chez Philippe* en 1967. Je n'ai pas fait d'école hôtelière et, à mes débuts, j'ai suivi les conseils de mes clients, sur ce qu'ils aimaient, une cuisine du terroir du Bassin, et aussi de Dordogne. On travaillait

Montage des moelleux pistache et fraises gariguettes pour le dessert du jour du restaurant gastronomique.

avec les produits nobles du coin. Que ce soient les cèpes, les pibales que venaient nous apporter les pêcheurs, les dorades, les mules. C'était excitant. Chaban et son épouse venaient manger tous les jours, dans sa petite alcôve. Il me commandait un café et puis me disait de le rejoindre, pour qu'on parle. C'était exceptionnel.

C'était également la grande époque des Capucins, les années 1970 et 1980, quand il y avait encore le marché de gros et de demi-gros. La gouaille était fantastique. J'y allais pour le poisson, de deux heures à quatre heures du matin, et je rencontrais souvent Amat. On allait manger dans les petits bistrots du coin, pour nous raconter nos histoires. Une époque géniale, vraiment. »

Le salon de Dubern *en 2006.*

« En 2000, Hossein Aminian m'a demandé de reprendre *Dubern*, qui était vraiment mal en point. J'avais envie de voir autre chose, et j'ai accepté, ce qui m'a permis d'introduire des spécialités de poisson, qui manquaient dans ce quartier. J'ai d'abord tout fait repeindre, accroché ma collection de tableaux de peintres régionaux, du Bassin ou de Bordeaux, comme André Lhote – maintenant j'aime la peinture plus contemporaine, on évolue (rire). En l'espace d'une année, tout est reparti en flèche. La clientèle de *Chez Philippe* nous a suivis.

Et puis, je me suis brouillé avec M. Aminian. Une incompatibilité de caractère et une différence de culture. Il a d'indéniables talents, c'est un homme de qualité. Et il a beaucoup investi dans *Dubern*. Mais on ne s'entendait pas, on n'avait pas le même discours. Il a d'ailleurs très bien réussi dans des établissements très différents, avec les *Ploucs*. C'est bien. Prenez le décor par exemple : il mettait du rouge et de l'or partout, j'ai préféré le gris et le vert acier, beaucoup plus simples, qui convenaient à ce type de restaurant. Un côté "relax", décontracté. Des panneaux étaient remplis de bouchons, de moules, de coquilles d'huîtres. Une touche beaucoup plus actuelle, davantage dans l'esprit que je souhaitais. À l'entrée, un gros bar d'écaillage montrait des huîtres, des fruits de mer et d'autres produits de la mer. Ça plaisait beaucoup aux clients qui, en entrant, humaient la mer et voyaient ce décor de homards, de langoustes. J'écaillais mon poisson devant la porte, en discutant avec les passants. C'est là que je préparais les aloses. J'en faisais des tartares, plats de sauce verte. J'enlevais les arêtes à la pince à épiler, en leur disant : "Si vous en trouvez une, ne payez pas !"

J'ai donc claqué la porte, monté le *Café du Port*, avec MM. Dupont et Stuart, et récréé *La Dame de Shangaï*, le *Café maritime*. Une période de quatre ans environ, puis Hossein Aminian m'a proposé de revenir chez *Dubern*, qui avait rechuté. Pendant un an, l'affaire a très bien marché. La clientèle est revenue, les fidèles. J'ai reçu tellement de personnalités, Annie Cordy et Marthe Mercadier qui sont mes amies, Jean-Claude Brialy, Line Renaud qui tournait un film, des gens du jazz, des chanteuses, et beaucoup de monde que m'amenait le Grand

Le bar d'écaillage, à l'entrée du restaurant, en 2006.

En double page suivante : la salle réservée à la pâtisserie.

Théâtre. Je me souviens d'avoir présenté une cantatrice et une chanteuse de jazz. Elles se sont mises à pousser des vocalises et à chanter. J'ai cru que le grand lustre allait éclater ! Il y a eu aussi les moments forts. En janvier 2007, Claudine Flourens a voulu célébrer l'enterrement de son mari, en sa mémoire. Que la dernière réception ait lieu chez *Dubern*. Un au revoir émouvant. Flourens était un "bon", un exemple, un monsieur très bien.

Tout a changé lorsque Aminian a vendu à Bruno Oddos. Un homme sympathique, mais qui voulait transformer *Dubern* en bar, pour boire un verre et se rencontrer. La clientèle était très différente, la mienne est partie. J'avais cédé *Philippe*, et *Chez Irène* puisque ma mère était décédée, je suis donc resté. La maison s'est effondrée en un an. »

Il n'y a pas de regrets dans la voix de Philippe Téchoueyre. Juste de l'envie, de la passion, une grande humanité perceptible. Et cette envie de transmettre :

« Le poisson a toujours été un produit noble. Il ne doit pas être sec, il faut qu'il reste moelleux. Maintenant, on fait du poisson d'élevage, qui n'est pas mauvais, je ne suis pas contre, enfin le bon élevage. Je préfère le poisson de ligne, qui va forcément devenir plus rare encore. Par exemple, le bar et le maigre sont merveilleux. Le maigre a plus de goût. Je le fais cuire sur un côté où j'ai laissé la peau et les écailles. Quand il est blanc au milieu, pour moi, il est cuit. Alors je le retourne, j'enlève la peau, un filet d'huile d'olive, du gros sel et j'envoie comme ça. Merveilleux ! Il y a encore le jus, l'eau de mer à l'intérieur.

Dans les derniers temps chez *Dubern*, Maïté [la sœur de Francis Garcia] que je considère comme ma petite sœur, était avec moi. C'est une professionnelle, qui a tenu le restaurant du musée des Arts décoratifs et *L'Olivier de Clavel* de son frère. Trois hommes m'ont aussi suivi tout le temps : Patrick Solé, chef de cuisine qui est toujours avec moi, Louis Pasquale, chef de *Chez Philippe* pendant vingt ans, Éric Bordessoules. Ils m'ont permis de créer la brasserie *Le Jardin des arts* avec François Richon. »

Non, pas de regrets, parce qu'il y a le présent :

« Je suis maintenant au Stade Bordelais, et parfaitement bien avec Emmanuel de Taste, gérant de l'établissement. Mais je travaille surtout pour les réceptions privées, celles d'une vieille clientèle de trente à quarante ans. Les enfants et les petits-enfants m'appellent. J'ai fait les mariages des enfants, les baptêmes. C'est extrêmement gratifiant, merveilleux. Une reconnaissance pareille… »

Soudain, une dame passe, l'œil généreux :

« Ah tiens, je vais vous présenter quelqu'un, qui a trente-cinq ans de maison. Nadine est entrée en 1976, au Canon. Elle a été *Chez Philippe*, un peu partout. Sa spécialité : la plonge ! Elle fait toutes les vaisselles et les plats. »

Comme le fait remarquer un acteur de chez *Dubern*, quand Nadine est partie : « Quand elle est là, je vois la différence tout de suite. Et elle dépote. Tout est impeccable. » Tout est dit. Merci Nadine, merci Philippe.

III. 2010 : De nouveaux propriétaires, Pierre et Isabelle Dupuy Schoell

En septembre 2010, Pierre et Isabelle Dupuy Schoell, architectes, font l'acquisition de la *Maison Dubern*. Leur objectif ? Rendre à ce haut lieu de la gastronomie bordelaise ses lettres de noblesse. Et davantage encore. Lui offrir un esprit vivant, une identité forte. Tout est revu, redessiné, décoré à l'image d'un pont entre un passé illustre et un devenir fait d'échanges, de chaleur, d'élégance, avec l'envie de… revenir.

Pendant un an et demi, ils réfléchissent, cherchent, alors que *Dubern* continue à fonctionner, sans Philippe. Des artistes viennent faire leur promotion dans les salons du premier : Isabelle Huppert et la réalisatrice Anne Fontaine, Kad Mérad pour son propre film *(Mr Papa)*, et son complice Olivier Barroux pour le sien *(Les Tuches)*…

Les travaux sont à l'échelle de l'institution, profonds, minutieux, respectueux. Dubern ouvre à nouveau le 4 juin 2012.

En août 2012, Wilfried Morandini, ancien directeur du restaurant du célèbre *Meurice* à Paris, arrive à la tête de l'établissement. Il apporte son savoir-faire, en matière de gestion, d'accueil, d'arts de la table, ainsi que sa grande connaissance du vin.

Une équipe de haut niveau l'entoure, avec le chef Daniel Gallacher en cuisine et Aleksandre Oliver à la pâtisserie.

Note

1. *Carnet de Gilles Pudlowski,* Le Point*, 14 février 2008.*

Rhubarbe pochée dans un jus de fraise et son parfait glacé, crème légère à la pistache, fine gelée de mara des bois.

Téléphone N° 344

SPÉCIALITÉ D'ÉCREVISSES

Importation directe des Pêcheries Russes

30 Médailles Or & Argent
10 fois Hors Concours
Membre du Jury

Maison Auriac

PAUL DUBERN, Suc^r

Vente Annuelle

UN MILLION

42, Allées de Tourny, 42, BORDEAUX

FABRIQUE DE CONSERVES
EXPÉDITIONS
Comestibles Fins
Fruits-Primeurs

FRANCE & ETRANGER

Bordeaux, le 2 Sept 1911

Monsr Malacheq
Mimizan

J'ai l'avantage de vous accuser réception de votre estime et de vous remercier de l'ordre que vous avez bien voulu me demander. Vous pouvez compter sur les perdreaux pour lundi l...

Toujours dévoué

P. Dubern

DUBERN
UNE CHRONOLOGIE

Années 1740-1750 : Naissance des allées de Tourny, côté numéros pairs.
1812 : Monsieur Dussumier, juge au tribunal de Commerce, propriétaire du numéro 42.
1816 : Début de la construction des numéros impairs.
1820 : Le numéro 42 est occupé par Mme et M. Rodrigual ou Rodriguez.
1853 : Première surélévation des numéros pairs.
1861 : Au 42 vivent Lucien Vidalie et Joseph Estrade.
1868 : Naissance de Paul Dubern, le 26 janvier à Saint-Avit (Landes).
1868 : Toussaint installe son entreprise de comestibles place du Grand-Marché (aujourd'hui de la Ferme-de-Richemont).
1873 : Au 42 des allées sont installés le coiffeur Petit et Mousteu, qui y ouvre le *Café de France* : ce café existe jusqu'en 1888.
1874 : Les « comestibilités parisiennes » d'Auriac sont établies rue Huguerie.
1875 : Monsieur Myran, propriétaire du 42.
1882 : Paul Dubern entre comme apprenti chez Toussaint Auriac.
1883 : Seconde surélévation des numéros pairs des allées de Tourny. Second étage au 42.
1888 : 1er mai, L. Abadie remplace Mousteu au *Café de France*.
1889 : Installation au 42 du Véloce-club bordelais. Banquet du club (janvier).
1891 : Le Club vélocipédique de Bordeaux prend la place au *Café de France* du 42.
1894 : Paul Dubern successeur de Toussaint Auriac, rue Huguerie. Première mention dans l'annuaire. L'écrevisse apparaît.
1895 : 1er février, entrée officielle de Paul Dubern dans sa succursale (épicerie fine) du 62, allées de Tourny.
1896 : Février, première projection, aux allées de Tourny, du cinématographe des frères Lumière, qui tournent un petit film, Place de la Comédie.
1897 : 1er janvier, entrée de Moreau et Cie au 42.
1900 : 12 avril, reconnaissance par Jeanne Dubern, 51 ans, de son fils Paul Dubern, fils naturel. Au 42, mention de L. Dupuy, tailleur pour dames Old England.
1901 : 25 avril, courrier de Paul Dubern au sujet de ses écrevisses.
1901 : 25 avril, Paul Dubern déclare la naissance de son premier enfant, Robert.
1902 : 22 décembre, déclaration de naissance du second enfant, Jean-Jacques.
1904 : Paul Dubern possède toujours sa conserverie rue Huguerie.
1905 : 1er juin, Paul Dubern déménage et entre officiellement au 42, allées de Tourny. C'est la Belle Époque.
1905 : La conserverie de la rue Huguerie disparaît des annuaires. Dans ces années, Paul Dubern achète sans doute sa propriété de Saint-Laurent-Médoc pour y produire fruits, légumes, vin, et y élever des animaux domestiques.
1906 : Paul Dubern fait la publicité de sa « spécialité de consommé, véritable pot-au-feu des familles indispensable à tout ménage : le goûter, c'est l'adopter ».
1919 : Année retenue pour l'ouverture du restaurant de Paul Dubern, à l'étage du 42, allées de Tourny. Il n'est plus le successeur de Toussaint Auriac, juste mentionné comme l'ancienne « maison fondée en 1869 » !
1924 : Petit commentaire sur *Dubern* dans le guide gastronomique de Curnonsky et Rouff.
1928 : *Dubern* obtient deux étoiles au Michelin, catégorie restaurant moyen.
1932-1933 : Dans le Michelin, *Dubern* a un couvert (« restaurant simple mais bien tenu »).
1938-1939 : Retour de *Dubern* dans le Michelin (un couvert).
1940 : Juin, le journaliste Marcel William Fodor mange chez *Dubern*, et décrit le menu.
1942 : Mort de Paul Dubern. Son épouse Marguerite et ses fils assurent la succession.
1945 : Réapparition dans le Michelin, avec un couvert ; deux couverts en 1946-1948.

Lettre de Paul Dubern à un client, 2 septembre 1911.

1947 : Les Felsenhardt, propriétaires du 42, vendent l'immeuble à la famille qui le détient toujours. La revue d'ornithologie Alauda mentionne un cygne (tué), exposé dans la vitrine de *Dubern*.
1949 : Une étoile au Michelin, jusqu'en 1963.
1950 : En mars, les frères Dubern organisent le « repas du siècle » au salon des Arts ménagers de Paris.
1957 : *Dubern* participe à un concours de vitrines. En mars, participation aux Semaines gastronomiques d'Aix-en-Provence.
1960 : Troisième édition du dîner annuel des amis de *Cuisine et vins de France*. Robert Dibar, chef du restaurant. Jean-Jacques Dubern donne la recette des célèbres bécasses.
1961 : Le journaliste Georges Walter évoque *Dubern*.
1964 : Mort de Marguerite Dubern. Les frères sont seuls aux commandes. Le restaurant passe à deux étoiles au Michelin. Reconnaissance internationale.
1967 : Apprentissage chez *Dubern* du cuisinier Gérard Lacôme, jusqu'en 1969.
1968 : Apprentissage chez Dubern de Régis Jou De Las Borjas, jusqu'en 1971.
1970 : Une étoile au Michelin. *Dubern* apparaît dans le *Gault et Millau*.
1972, mars. Roland Flourens est le nouveau propriétaire de *Dubern*. Ouverture le 28 novembre.
1972 : Apprentissage en cuisine de Jacques Coussau, jusqu'en 1974. Le chef est Pierre Bugat. Arrivée de Christian Blanco, sommelier.
1972 : Création du *Chardon*, le bar à l'anglaise, tenu par Jackie Vignal, puis par Philippe Licart (1977).
1973 : Arrivée d'Hervé Valverde, sommelier, chez *Dubern* jusqu'en 1986.
1976 : Rassemblement des Compagnons d'Aquitaine, regroupement des cuisiniers fondé par Roland Flourens (Amat, Bugat, Garcia, Xiradakis, Clément…). *Dubern* classé « relais gourmand » dans le guide Relais et Châteaux.
1978 : Arrivée d'Éric Bonnefond, pianiste assistant Pierre Buzon, pianiste historique du piano bar de la cave.
1979 : Départ de Pierre Buzon pour *Le Point d'orgue*, rue du Château-Trompette.
1984 : Décès de Robert et Jean-Jacques Dubern.
1985 : Roland Flourens vend *Dubern* à Christian Clément, qui conserve l'étoile de 1970 au Michelin.
1987 : *Dubern* disparaît du Michelin, et n'y reviendra pas.
1988 : En janvier, Christian Clément dépose le bilan. Fermeture de *Dubern* en septembre.
1989 : Avril, *Dubern* va rouvrir en « brasserie de qualité à dominante classique, avec bar et terrasse au rez-de-chaussée ». Directeur commercial, Dominique Train.
1990 : Le domaine Dubern de Saint-Laurent-Médoc est mis en vente.
1991 : Octobre, le feu prend dans un immeuble contigu. *Dubern* est inondé. Le gérant, Patrick Seguin, doit fermer.
1992 : Janvier, liquidation de la société. Mars, vente aux enchères de la cave et du mobilier.
1993 : Mai, reprise de *Dubern* par un groupe de partenaires. Alain Dalongeville, chef.
1994 : Fermeture de *Dubern* en août.
1995 : Reprise de *Dubern* par Hossein Aminian. Importants travaux de Daniel Bern et Bernard Mazières. Le chef est Christophe Girardot. Vente par l'héritière Dubern de la maison de Saint-Laurent-Médoc.
1996 : 19 janvier, inauguration officielle, en présence du maire Alain Juppé.
1997. Trois fourchettes au Michelin. Le chef est Michel Gautier, qui part en décembre.
1998 : Arrivée de Philippe Téchoueyre en juin.
2000 : Septembre, départ de Téchoueyre. Les chefs vont se succéder…
2003 : Janvier, Philippe Gauffre devient le nouveau chef de *Dubern*. Il part en décembre. Retour de Philippe Téchoueyre. Il prend avec lui de très anciens collaborateurs, dont Jean-Luc Crassat en salle, et son complice Jean-Charles Saint-Germain, également maître d'hôtel.
2007 : Janvier, décès de Roland Flourens. Juillet, Hossein Aminian se défait de *Dubern* et vend ses parts. Divers investisseurs vont se succéder…
2010 : Septembre, Isabelle et Pierre Dupuy, architectes, deviennent propriétaires.
2012 : Très importants travaux. Ouverture le 4 juin de *Dubern*. Daniel Gallacher aux cuisines. Arrivée de Aleksandre Oliver en patisserie.
Aout 2012, Wilfried Morandini, ancien responsable du restaurant du *Meurice*, devient le directeur de la *Maison Dubern*.

Remerciements

Les auteurs et l'éditeur remercient en premier lieu Jean-Claude Bertreau et Carmen, pour leur précieux concours « iconographique ».
Ils remercient également tous ceux qui nous ont apporté leurs avis, leur mémoire, leur concours : l'Académie nationale des sciences, arts et belles-lettres de Bordeaux, Alauda et son service d'archives, les personnels des Archives municipales de Bordeaux et des Archives départementales de la Gironde, Alain Aviotte, Jacques Ballarin, Jean-Claude Bombesin, Éric Bonnefond, Maïté Bouyssy, Pierre Buzon, le Château Devise d'Ardilley, Christian Blanco, Monique Chastanet-Brandès, les communes de Saint-Laurent-Médoc et Saint-Julien-Beychevelle, Jacques Coussau, Jean-Luc Crassat, Corinne et Jean-Philippe Denizet, Le domaine de Saint-Laurent, Michel Faure, ancien maire de Saint-Laurent-Médoc, Claudine Flourens, la Fondation François Mitterrand, Régis Jou De Las Borjas, Gérard Lacôme, Annie Larraneta, Philippe Licart, Maud Linder, les mairies de Saint-Laurent-Médoc et de Saint-Julien-Beychevelle, Anne-Sophie Marchetto, aux archives de *Sud Ouest*, La Marronnière de Saint-Laurent-Médoc, Jean-François Mesplède, le Musée des Beaux-Arts de Bordeaux et le Musée d'Aquitaine, Jean-Charles Saint-Germain, Yves Simone, Philippe Téchoueyre, Hervé Valverde et Jean-Pierre Xiradakis.

« Nous remercions nos parents, Henry et Geneviève Dupuy pour leur écoute et leur soutien indéfectible, André et Monique Schoell pour leurs très précieuses relectures, aussi impitoyables qu'avisées. Que cet ouvrage soit le témoignage pour nos quatre enfants que la passion et le travail sont sources de bonheur. » (Pierre et Isabelle Dupuy Schoell)

Merci enfin à Safran immobilier et Lionel Orméo pour le soutien qu'ils ont apporté à la publication de cet ouvrage.

Crédits photographiques

© Agence Dupuy Schoell : p. 33 – © Archives départementales de la Gironde : p. 19, 23, 24, 28, 124 – © Archives Sud Ouest : p. 50, 51, 55, 76, 77, 85, 88, 89, 90, 98, 99, 102, 103, 106, 107, 110, 118, 119 – © Eric Audinet : p. 15 – © Yves Baillot d'Estiveaux : p. 29 – © Jean-Claude Bertreau : p. 20, 22, 25, 27, 45, 58, 65 – © Jérémie Buchholtz : p. 13, 14, 16 – © Yves Carlier : p. 12 – © Frédéric Lallemand : p. 17 – © Musée des Arts décoratifs de Bordeaux : p. 9, 10, 11 – © Philippe Téchoueyre : p. 118, 119.
Toutes les autres photographies sont de Jean-Luc Chapin.

Table des matières

Cet ouvrage a été achevé d'imprimer
par BLF impression
au Haillan
le 15 décembre 2013

Maquette, mise en page : éditions confluences

N° ISBN : 978-2-35527- 127 4
N° d'éditeur : 127
Dépôt légal : décembre 2013
Imprimé en France